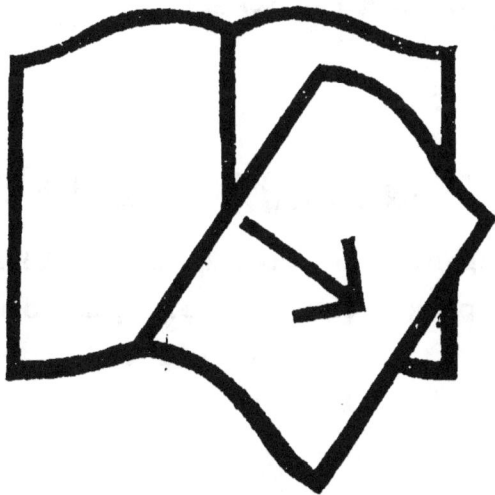

Couverture inférieure manquante

LÉO DESAIVRE

QUELQUES NOTES

SUR LES

PRINCIPAUX CHANGEMENTS

apportés à la Topographie de la Ville de Niort

par les Ventes Nationales, puis Communales,

de 1791 à 1817

CHEZ L'AUTEUR
12, Rue Jean-Jacques-Rousseau
NIORT
—
1910

37318

LÉO DESAIVRE

QUELQUES NOTES

SUR LES

PRINCIPAUX CHANGEMENTS

apportés à la Topographie de la Ville de Niort

par les Ventes Nationales, puis Communales,

de 1791 à 1817

CHEZ L'AUTEUR
12, Rue Jean-Jacques-Rousseau
NIORT

1910

CARMÉLITES

Sommaire. — Première installation du tribunal criminel à l'ancien Palais en Janvier 1792. Le Directoire départemental témoigne encore à la fin de 1792 son intention formelle de loger au château le tribunal criminel « avec la maison d'arrêt et les autres prisons qui en sont la suite ». La chapelle des Carmélites restant sans emploi, Bernard d'Agescy demande le 26 Décémbre 1792, qu'elle lui soit abandonnée pour y créer une galerie où il se propose d'exposer les tableaux provenant des confiscations révolutionnaires.

Le tribunal criminel dans la chapelle du Carmel de 1793 à 1798, son installation encore en place lors de la vente du monastère le 9 messidor an VIII. Après le départ du tribunal criminel transféré à la Charité avec tous les autres services judiciaires, en l'an V, l'administration départementale siégeant aux Cordeliers depuis sa création, a l'intention d'aller occuper le Carmel. Abandon de ce projet et installation des Archives départementales dans la *plus ancienne aile* de la maison des Carmélites en l'an VI. Le préfet Dupin les transporte dans les greniers de la Charité, se loge aux Cordeliers et vend le Carmel en l'an VIII.

Le 3 janvier 1792, le tribunal criminel présidé par Charles Cochon, est installé à l'ancien Palais de la rue du Pont qui devient la rue de la loi. Cochon dans une lettre du 15 janvier 1792, adressée au président du Comité de législation, dit sa salle fort incommode tout en déclarant que le département instruit que l'Assemblée nationale

agite de nouveau la question de l'ambulance des tribunaux criminels se montre très décidé à ne faire aucune
dépense avant que la permanence soit définitivement
admise (1).

Le registre du tribunal criminel relate sa présence au
Palais jusqu'au *31 Mars 1792*, et cesse ensuite de men-
tionner le siège de ses audiences.

Un compte de 54 l. 12 s. pour réparations faites au
parquet du tribunal criminel *depuis le 15 mars 1792*, figure le 27 juillet de la même année au nombre des man-
dats délivrés par le Directoire du Département (2) et
prouve uniquement que la permanence était définitivement décrétée. Aucune indication n'est donnée sur le
siège de la Juridiction, toutefois la somme paraîtra trop
peu élevée pour représenter le coût des boiseries jugées
dignes d'être conservées lors de la vente du Carmel en
l'an VIII.

Cette faible dépense fut si bien faite à l'ancien Palais
que la municipalité ne put se transporter dans le logement du gouverneur au château avant les *derniers mois
de 1792*. Ce serait donc alors seulement que le tribunal
criminel aurait pu la remplacer à l'hôtel de ville comme
l'a pensé Antonin Proust ? Ce premier déplacement s'ex-
pliquerait d'autant moins qu'il n'aurait pu être que fort
momentané. Dès le 28 avril 1792, le Directoire des Deux-
Sèvres avait proposé à l'approbation du ministre de l'Intérieur un devis s'élevant à 11.834 l. 10 s. 8 d. pour
l'établissement au château « du tribunal criminel, de la
maison d'arrêt et des prisons qui en sont la suite » (3)
et persistait encore dans son projet à la fin de 1792 (4).

(1) Antonin Proust, *Justice révolutionnaire*, IX.

(2) Extrait du procès-verbal des séances de la session du Conseil du département. Niort, Lefranc Elies, 1793.

(3) Correspondance du Directoire aux Archives des Deux-Sèvres.

(4) Assemblée du Conseil départemental du 31 décembre 1792.

Il y avait même eu un commencement d'installation de juillet à septembre 1792 pour la maison de justice (1).

Enfin, dans le vieil hôtel de ville, le service de la bibliothèque publique fondée par le curé Bion ne fut supprimé — faute de lecteurs — que le 1er mai 1793 (2). Le 10 octobre 1793 le comité de surveillance établi à Niort va siéger dans la salle des séances du ci-devant hôtel de ville, rien ne prouve qu'on ait disposé de ce bâtiment pour un service *permanent*.

De son côté l'auteur de cet article a fort à regretter d'avoir, dans une étude antérieure, (3) sans qu'aucun document ne l'y autorisât, admis la présence du tribunal criminel à l'ancien château. Ce ne fut qu'un projet longtemps caressé resté sans solution et on ne saurait citer aucune dépense faite à ce sujet dans le Donjon.

Une visite des bâtiments et édifices appartenant au roi dans l'étendue du siège royal de Niort en 1779 (4), permet de se rendre compte de la déplorable installation de l'ancien Palais. Elle devint tellement insuffisante lorsque le tribunal criminel se transforma en tribunal révolutionnaire jugeant sans appel un nombre toujours croissant d'accusés, c'est-à-dire vers février ou mars 1793, qu'il fallut se décider à le transporter ailleurs.

Il paraît impossible de préciser l'époque où la chapelle des ci-devant Carmélites subit ce triste avatar (5). On sait

(1) Compte rendu du Directoire des Deux-Sèvres au Conseil du département. Niort, Lefranc-Elies.
(2) Registre des délibérations. L'abbé Birault, bibliothécaire, recevait 200 livres.
(3) La Justice à Niort après la Révolution.
(4) Bull. de la soc. de st. III 129 (Bardonnet).
(5) Les Carmélites envoyées de Paris par le couvent de l'*Incarnation* arrivèrent à Niort le 1er septembre 1648 et y fondèrent un monastère dit la *Passion*. François Meaulme, curé de N. D., bénit la première chapelle le 2 octobre de la même année. D'après feu le doct. Aug. Tonnet, la première prieure de Niort serait morte en 1653. Arthur Bouucault a recueilli l'épitaphe d'une autre prieure, dont le nom a disparu, — la seconde sans doute, — décédée le 17 octobre 1666. Le 28 juillet 1674, les Carmélites de Niort traitèrent avec François Leduc dit Toscame, pour la construction de leur église et de leur chapelle vendues en l'an VIII, prix convenu 12,000 fr., délai un an. La pierre commémorative porte la date du 14 mars 1675.

seulement que le **26 décembre 1792** aucune objection n'avait été faite à Bernard d'Agescy proposant de créer dans l'ancien édifice religieux une galerie avec jour sidéral et larges fenêtres pour l'exposition des tableaux provenant des confiscations révolutionnaires, ce qui exclut toute idée d'une autre destination déjà décidée ou prévue à court délai.

Bientôt après le Carmel recevait le matériel de transport et un dépôt de vivres de l'armée de l'Ouest, il est envahi par les malades en un temps où les anciens établissements et même le nouvel hôpital créé à la Tour de Magné, ne suffisant plus, on en met un peu partout, à l'Oratoire, à Notre-Dame, etc. (1).

Avec les malades, il y a les prisonniers. Le 5 avril 1793, plus de 80 personnes détenues dans le couvent dans des cellules sans cheminées, demandent qu'il soit établi une chambre à feu commune à toute la maison. Visite des logements est faite par les officiers municipaux, la chambre la plus commode pour le chauffoir étant occupée par la citoyenne Avice de Mougon et sa famille, ils décident qu'elle ira à l'*ancien parloir au bout du corridor, à droite.* Enfin, le 21 mai 1793, on arrête encore que les personnes suspectes enfermées au Château seront transférées aux Carmélites (2). On trouve cependant des prisonniers sous la tente dans le jardin du Château (3) et plusieurs maisons d'émigrés sont en sus occupées par des détenus.

Bernard d'Agescy obligé de se rabattre sur l'église des Oratoriens, y établit un plancher et peignit des draperies sur les murailles, mais fut encore chassé de cet autre local par un dépôt de vivres et les malades, force lui est faite à la fin de laisser ses toiles roulées. ·

(1) A Notre-Dame on déballe les marchandises les jours de foire. C'est momentanément une halle aux blés, en 1795, elle sert de magasin pour les subsistances militaires quoi qu'on y dise la messe.

(2) Registre des délibérations de la municipalité.

(3) De Lastic St-Jal. L'église et la Révolution, p. 163.

De cet encombrement général résulte une mortalité effroyable.

Les services de l'armée de l'Ouest envahissent tout. L'église de St-André sert pendant plusieurs années de magasin de fourrages, il y a aux anciennes hospitalières de la rue St-Gelais, un dépôt de salpêtre et des écuries, un arsenal aux Bénédictines (1), une caserne de vétérans aux Ursulines, une boucherie militaire aux Capucins, un magasin de campement et d'équipement aux Cordeliers.

L'hôpital de Niort doté de l'ancienne maison des frères Saint-Jean de Dieu confisquée nationalement, la louait en l'an V au département qui y centralisa tous les services judiciaires. Les travaux nécessités par l'appropriation de cet autre hôpital à sa nouvelle destination n'étaient pas encore commencés le 25 ventôse an V (2). Leur importance (3) démontre jusqu'à l'évidence que le tribunal criminel et les autres juridictions ne purent ouvrir leurs audiences avant la fin de l'an V (1797).

Un devis des ouvrages à faire pour les réparations de la maison des ci-devant Carmélites de Niort pour les dispositions nécessaires à la *translation de l'administration centrale du département* évaluées à 28.000 fr. dressé par Demetz le 7 thermidor an V, nous apprend que cette administration songea à aller occuper leur beau couvent dès que le départ du tribunal eut été décidé. Ce devis réapparaît le 17 thermidor an VI et finalement toute idée de translation est abandonnée sans autre dépense faite qu'une réparation importante à la toiture très éprouvée par l'ouragan du 15 pluviose an IV dont on trouve le

(1) Qui reçoivent en outre des moribonds. De Lastic St-Jal, 163.

(2) Archives des Deux-Sèvres N, édifices départementaux.

(3) Constatée par les demandes des chefs des diverses juridictions et deux plans qui subsistent dont celui d'un prétoire commun par Dincourt-Demetz (de Limoges) architecte départemental.

devis évalué à 5.400 francs alias 5.422, à la date du 9 vendémiaire an VI (1).

Bientôt après surgit un autre projet cette fois mené à exécution.

Un devis présenté par Demetz, dont nous aurons si souvent à signaler le zèle, relatif aux réparations les plus urgentes à faire pour *l'établissement des Archives du département* dans *les plus anciennes ailes* du couvent des Carmélites est suivi du vote d'un crédit de 2.438 fr. le 5 germinal an VI (2).

Enfin le 15 frimaire an VIII, le directoire du département approuvait un mémoire de 3.154 fr. 25 présenté par le citoyen Clerc Dufief, commissaire, nommé pour, de concert avec l'ingénieur en chef, faire faire à une partie du local des ci-devant Carmélites les travaux nécessaires pour l'installation des Archives du département (3), Nous verrons bientôt la réserve faite de cette installation au profit du département — aussi bien que de celle du tribunal criminel — preuve manifeste du soin apporté aux travaux. D'un autre côté la différence sensible entre la somme prévue et la dépense totale montre que des additions importantes au plan primitif avaient été consenties.

L'installation de Claude-François-Etienne Dupin, premier préfet des Deux-Sèvres (28 ventôse an VIII) étant antérieure de plusieurs mois à la vente du monastère, ce fut là évidemment qu'il trouva en bon ordre les Archives départementales lorsqu'il eut l'idée malencontreuse de les faire transporter à la Charité où elles devaient subir le terrible incendie de décembre 1805.

Il n'est guère d'autre document officiel signalant la présence du tribunal criminel au Carmel *que l'expertise de ce couvent faite, le 15 prairial an VIII,* par Demetz,

(1) Arch. des Deux-Sèvres L. 193.
(2) Arch. des Deux-Sèvres L 193.
(3) Arch. des Deux-Sèvres L 15.

ingénieur en chef du département avant la vente,
sur réquisition du préfet, dont une copie authentique a
été heureusement rencontrée aux mains du représentant.
de l'un des acquéreurs de l'an VIII. Le plan de *masse* dressé
par l'ingénieur est perdu ainsi que tous les documents
de cette nature, les Archives n'ont finalement conservé
que les procès-verbaux des adjudications où l'absence
des confrontations ne permet guère de se reconnaître.
Enfin si il y est question d'un prétoire rien ne prouve
qu'il s'agisse de la juridiction criminelle.

Comme l'estimation indique déjà l'allotissement conservé lors de la vente du *9 messidor an VIII.* nous avons
cru rationnel de réunir les indications fournies par les
procès-verbaux d'aliénation et l'estimation préalable,
pour éviter des répétitions inutiles. Les procès-verbaux
toujours très laconiques (1) ne donnent point les confrontations qui nous ont paru essentielles.

Les bâtiments élevés par l'architecte François Leduc, dit
Toscane en 1674, formaient un carré. avec cloîtres, cir-
conscrivant un parterre, auquel la chapelle était adossée
au couchant, et ouvert au Nord sur un jardin, on y créa
cinq divisions.

Le 1er lot formé par la chapelle *actuellement occupée par
le tribunal criminel*, les petites bâtisses qui l'entourent sur
trois côtés, la petite cour d'entrée *actuelle* et la portion du
terrain comprise entre le prolongement en ligne parallèle
du mur longitudinal à gauche du tribunal et à 4 pieds en
dehors du dit prolongement. Le tout d'une contenance
de 1.143 m. q. joignant au levant du côté de la *nouvelle* entrée, à la rue de la Préfecture, au midi au jardin des Carmélites et au *bâtiment des Archives* dont le mur
de séparation sera mitoyen, au midi à la rue du Petit-
Banc et au nord à la rue Barbezières.

(1) Archives départementales. Q 74. Procès-verbaux des ventes du Carmel
n° 67, 68, 69, 70, 71 et 191.

Nota. — Toutes les terres provenant du redressement de la rue à effectuer en avant du présent lot seront portées et régalées sur la portion de l'ancien jardin faisant partie du 2ᵉ lot. Le mur longitudinal à construire sur la partie gauche de la dite rue et qui doit la séparer du 2ᵉ lot, sera fait aux frais de l'acquéreur du 2ᵉ lot, sur toute la longueur du dit mur, le pavé à construire dans la dite rue sera au compte des acquéreurs des 1ᵉʳ et 2ᵉ lots, les terrasses seules et les plantations seront aux frais de l'acquéreur du 1ᵉʳ lot. (Expertise). On lit dans le procès-verbal de vente que la nouvelle rue aura 18 pieds de large et appartiendra à la ville (1).

Le 1ᵉʳ lot fut adjugé à J.-B. Lefranc pour 196.000 liv. avec réserve au profit du département des *boiseries du prétoire* et des *cloisons de la Chambre du Conseil.*

Lefranc agissait, bien qu'il n'en fut rien dit, comme mandataire de la société qui fit bâtir par Demetz, sur l'emplacement de la chapelle dont le mur du chevet fut conservé, le théâtre ouvert au public le 22 vendémiaire an X (14 octobre 1801).

Le 2ᵉ lot comprenant un rez-de-chanssée, un premier étage avec mansardes, un grand escalier en pierre de taille et une cave voûtée, plus une portion de l'ancien cloître et du grand jardin, d'une contenance de 780 m. q., confrontant au levant au 6ᵉ, au midi au 3ᵉ, au couchant au 5ᵉ et vers le nord au 1ᵉʳ, d'une contenance de 780 m. q. passa pour 150.000 l. à Pierre Aimé Elies, imprimeur du département, qui y transporta ses presses (2).

Le 3ᵉ lot composé d'un rez-de-chaussée, d'un premier étage avec mansardes et escalier en pierre, un autre

(1) La perte du plan rend ces conditions difficiles à comprendre, il ne nous parait pas douteux qu'elles furent modifiées lors de la construction du théâtre et que l'aspect de ces lieux changea encore lors du don fait à la ville par le décret de 1808 pour le dégagement de la préfecture.

(2) Ce lot appartient aujourd'hui aux représentants de feu Théophile Giraudeau, ancien syndic des marais. L'entrée en dut être faite sur *la rue à planter.*

bâtiment adossé au pignon du midi, une portion du cloître et du grand jardin avec un très beau puits, etc. d'une contenance 1014 m. q. confrontant au levant à un ilot de maisons, du midi à la rue du Petit banc, où pourra être établie la nouvelle entrée, au couchant au 4ᵉ lot et du nord au 2ᵉ lot passa pour 111.000 l. à Augustin Chauvin Hersant, secrétaire général de la préfecture. On reconnaîtra la maison qu'occupe le docteur Fayard transmise héréditairement à feu le docteur Auguste Tonnet, fils de Tonnet Hersant.

Le 4ᵉ lot. aile à droite du bâtiment principal, rez-de-chaussée, premier étage et vaste grenier au-dessus, portion de l'ancien cloître, cour au midi, propre à faire un jardin, etc., d'une contenance de 584 m. q., confrontant du midi à la rue du Petit banc, du couchant à la même rue, du nord au 5ᵉ lot et au levant aux 2ᵉ et 3ᵉ, fut vendu pour 161.000 l. à Laurent Piet-Coursay demeurant au Petit-Prissé (1).

Enfin, *le 5ᵉ et dernier lot* du bâtiment principal dans l'aile droite avec un grand bûcher en retour d'équerre et galerie en avant.

Plusieurs pièces au rez-de-chaussée ayant servi au *tribunal criminel*, premier étage avec une vaste pièce servant de *dépôt aux Archives de la Préfecture,* autre pièce au bout avec petits cabinets ou cellules régnant au-dessus du bûcher.

Escalier en bois et petit escalier en pierre, etc., d'une contenance de 553 m. q., confrontant au levant et du côté du midi aux 2ᵉ et 4ᵉ lots, du couchant à la rue du Petit banc et du nord au *tribunal criminel* dont il sera séparé par le mur mitoyen actuel et par deux petites cours aux extrémités.

Adjugé à Jacques-Antoine Piet-Bernard demeurant à Niort, pour 161.000 l. (2).

(1) On reconnaîtra la maison où est décédée Mlle Corbin.
(2) La maison de Neuchaise, récemment vendue, occupe *une partie* de l'emplacement du 5ᵉ lot.

L'acquéreur ne pourra prétendre à la propriété des planches établies en rayons dans la grande salle des Archives qui servent au dépôt des papiers, non plus qu'à celle de la grande porte de la dite salle avec ses serrures qui fut posée par la ci-devant administration centrale, le tout étant réservé pour les nouvelles Archives.

Il y eut enfin un *6ᵉ lot* consistant en un terrain vague triangulaire situé en dehors du bâtiment principal et à l'extrémité de l'ancien jardin, qui fut vendu juste un an plus tard, jour pour jour, c'est-à-dire le 9 messidor an IX. Sa contenance était de 136 m. q., il confrontait des nord, couchant et midi aux 1ᵉʳ, 2ᵉ et 3ᵉ lots et encore du couchant à l'îlot de maisons déjà mentionné à l'occasion du 3ᵉ lot, et fut adjugé à Pierre Clerc chirurgien à Niort, pour 860 l. (1).

Les hangars existant dans l'enceinte du Couvent *appartenant à la commune de Niort*, les acquéreurs n'y pourront prétendre et démolition en devra être faite dans un délai de six mois. Ces bâtiments avaient été évidemment élevés pour loger le matériel de transport de l'armée de l'Ouest.

On a vu combien il est difficile de se reconnaître, faute de plan, dans le procès-verbal d'estimation de l'ingénieur Demetz. Les changements opérés depuis lors apportent une confusion nouvelle. Le lot 6 est impossible à retrouver, le n° 5 acquis nationalement par Jacques-Antoine Piet-Bernard, plus connu sous le nom de Piet Rocquépine, a été vendu par lui dès le 3 vendémiaire an IX à Laurent Piet Coursais, déjà propriétaire du 4ᵉ, et à Pierre-Aimé Elies, imprimeur. propriétaire du 2ᵉ qui se le partagèrent. Rocquépine avait acheté le lot 5 au District le 9 messidor an VIII pour *161.000* l., il le revendait en son nom personnel le 3 vendémiaire suivant pour *2.600* l. en numéraire *métallique*, cet exemple si typique de la

(1) Il eut à faire son entrée sur la *rue à planter*.

dépréciation si rapide des assignats nous a paru bon à
retenir. (1)

(1) Cfr. sur les Carmélites de Niort, *Bull. soc. de stat.* IV 378, V 569,
VI 654, VII 54, et album Arthur Bounault X. 876, pour l'épitaphe de la
Prieure morte le 17 octobre 1666.

II

CORDELIERS

Sommaire : Siège de l'administration départementale. L'ancienne préfecture. Aliénations successives de l'ancien enclos. Boucherie bâtie après la destruction des halles par Macors. La rue de Montigny. La chapelle transformée en temple protestant, l'hôtel de France.

L'administration départementale siégea sans interruption aux Cordeliers depuis 1790 jusqu'à l'inauguration de la nouvelle préfecture (1) bâtie dans l'ancienne enceinte du château, sur l'emplacement du jardin botanique.

L'élection des premiers administrateurs du département s'était faite dans la chapelle le 7 juin 1790. Désirant acquérir au meilleur marché possible l'ancien monastère, le directoire des Deux-Sèvres exposait, le 29 janvier 1791, sa situation embarrassée au comité ecclésiastique de l'Assemblée nationale, afin d'obtenir qu'il lui fut abandonné au prix de 21.360 l. sans être soumis aux enchères (2). Cette démarche n'eut pas de suite car le 29 décembre 1791, l'enclos des Cordeliers est évalué par les experts Pierre Bote et Pinoteau 20.595 l. pour être livré à une adjudication définitive le *26 juillet 1792* devant le directoire du district séant grande rue *Saint-Gelais*. (3).

(1) Le 25 mars 1832, d'après Alfred Monnet. *Niort, ses rues, ses monuments* 1869.

(2) Fonds Taury. Bibl. de Niort.

(3) Affiche imprimée de la vente in 8° s. d. en 2 morceaux. Louis Avertis (sic) impr. du District, de la municipalité et de la soc. des amis de la Constitution *Sous les halles.* Fonds Taury.

Le procès-verbal de la vente nationale n'a pu être retrouvé. De Lastic Saint-Jal dit que le département acquit le couvent pour 23.000 fr. (1). Bien qu'il n'ait guère utilisé — ainsi qu'il le déclare — que les papiers Taury, nous n'avons pu trouver dans ce fonds trace de ce prix de vente.

Le 12 mars 1791, la commune ordonnait la démolition d'une chapelle dédiée à Saint-Joseph en attendant celle du clocher décrétée le 4 mai 1794 (2).

Le 10 avril 1791, Chasteau, président de l'administration départementale, prononça dans l'église des Cordeliers l'éloge de Mirabeau. En l'an 2, on fit de ce monument religieux, comme nous l'avons déjà dit, un magasin pour l'équipement et le campement de l'armée de l'Ouest. Le 3 brumaire an 3, le marché aux grains momentanément aux Cordeliers est de nouveau établi à Notre-Dame que les malades viennent d'évacuer.

L'enclos des Cordeliers, passé au département, subit des démembrements successifs. Dès le 5 thermidor an IV, R. P. F. Morand, (3) secrétaire de l'administration départementale, avait acquis :

1° Un jardin en friche dégradé par les terres enlevées et *portées sur les redoutes* confrontant du Levant aux anciens fossés de la ville, le rempart entre deux, du couchant au terrain de l'acquéreur et du nord à celui du département (4).

---

(1) L'église et la Révolution p. 153.

(2) Fonds Taury. Henri Clouzot. *Cens et rentes* 27 n° 5.

(3) Natif de Châtillon en Bas Poitou, reçut ses lettres de docteur en médecine à Montpellier le 11 août 1772. L'enregistrement des dites lettres à Niort, où il vint fixer son domicile, le 2 juin 1774, nous apprend qu'il se faisait alors appeler Morand de la Roussière.

(4) La contenance n'est pas donnée. Ce paraît être l'ancienne vigne des Cordeliers en face de laquelle, sur la plateforme du rempart, un corps de garde avait été construit de 1593 à 1596, ce corps de garde en remplaçait un autre, situé dans le voisinage, tombant en ruine. H. Proust. *Revenus et dépenses*. Mém. soc. de stat. 3° s^ie VII, 286.

2º Deux petits jardins séparés par une claire voie,
comprenant ensemble la huitième partie d'une bois-
selée, confrontant du levant au jardin ci-dessus désigné,
du couchant aux murs du citoyen Viollas (1), du midi à
l'acquéreur et du nord au terrain réservé au département (2).

La chapelle fut vendue nationalement le 22 prairial an
VIII. Le procès-verbal d'adjudication la décrit ainsi (3) :

Bâtiment de la ci-devant église des Cordeliers, tous les
matériaux qui en dépendent, la sacristie y attenant, le
tout d'une contenance de 420 m. q.

Augustin-Antoine Brisson (4), médecin, demeurant à
Niort (5), se porta acquéreur pour 6.030 l. mais il se
déclara mandataire du citoyen Jean de Dieu Cruvelier (6),
marchand à Niort. Le procès-verbal est signé du préfet
Dupin, séant aux Cordeliers et non à son domicile réel
dans une maison bâtie sur l'emplacement du grand jeu
de paume, à l'angle des rues Civique et du Mûrier (7).

Cruvelier, par acte notarié du 4 brumaire an IX, fit
don d'une *portion* de la ci-devant chapelle à la ville de
Niort qui fut autorisée à accepter cette libéralité par
décret du 7 février 1809, alors qu'elle avait déjà abandonné aux protestants, par délibération du Conseil municipal du 25 germinal an XII, la *portion* de l'édifice reli-

---

(1) Viollas était en 1791 et 1812, directeur du service des diligences. Sa
maison, située rue Dupin, aujourd'hui occupée par un vétérinaire, n'a jamais
appartenu aux Cordeliers ni au Département.

(2) Arch. des 2-S., Q 74.

(3) Ibidem.

(4) Natif de Fontenay-le-Comte, reçut ses lettres de docteur en médecine
à Montpellier le 1ᵉʳ mai 1772, et les fit aussi enregistrer au siège de Niort,
ville où il vint s'établir, le 21 juillet 1773.

(5) Maire de Niort de l'an VIII à l'an XI.

(6) Maire 1793-95 (Armorial Bonneau).

(7) Ce vaste hôtel a été divisé par la suite. La portion située à l'angle des
deux rues appartient aujourd'hui aux représentants du docteur Gauné, l'autre
(ancien café de l'Europe) à M. Alfred Guichard.

gieux à elle transmise. Le culte réformé fut même inauguré dans le vieux bâtiment gothique bâti au xiiie siècle, dès le 14 fructidor an XII.

Ses voûtes, sans doute ruinées au temps des guerres de religion, furent refaites au xviie siècle, comme le démontreraient suffisamment les têtes d'anges et autres fioritures qui enlaidissent le croisement des nervures, si l'on n'avait en sus l'inscription suivante, posée au sommet de l'arcature perpendiculaire aux murs latéraux qui limite la première travée :

CLAVDE

BAVDRY

1680

C'est en 1674 que Toscane bâtit le Carmel, on trouve donc à Niort, à la fin du xviie siècle, deux architectes d'un talent éprouvé.

D'une inscription placée au pinacle de la façade il ne reste plus que le millésime 1607 donnant peut-être la date de la réconciliation ou d'une restauration partielle.

A l'intérieur, les murs sont recouverts d'une boiserie très moderne et les colonnettes engagées qui recevaient la retombée des voûtes, ne sont plus indiquées dans leurs deux tiers inférieurs que par des arrachements.

Au niveau de la première travée, à l'entrée du couloir qui conduit à la loge du concierge, subsiste heureusement une porte ogivale dont les pieds droits sont à leurs bases dissimulés sous le pavé, ce qui permet de reconnaître que le sol de la chapelle a été relevé *d'un mètre environ*, bien qu'on y pénètre de plein pied à l'heure actuelle (1).

Le temple protestant n'occupa jamais la totalité de l'ancienne chapelle des Cordeliers, le plan de Niort dressé par l'architecte Thénadey fils, montre la portion

---

(1) Ce comblement fut sans doute opéré en 1753 lors de la destruction du bastion des Cordeliers. Il est tout au moins à remarquer qu'il n'est plus parlé d'inondations de la chapelle et du couvent après 1753.

de l'édifice réservée par Cruvelier, située au levant, encore debout en 1820, mais à l'état de *propriété particulière*. Cruvelier en avait fait un magasin qu'on démolit par la suite à une époque que nous n'avons pu déterminer.

Aujourd'hui il ne faut pas être un grand clerc en architecture pour observer que le mur de fond qui clot le temple, fait de mauvais matériaux, alors qu'on trouve partout ailleurs des pierres de choix, est de date récente.

Il ne paraîtra pas douteux que le droit d'être enterrés dans cette chapelle *en habits de Cordelier* ne fut concédé aux échevins qu'en retour de leurs bienfaits.

Le *sanctuaire* au-dessous duquel les La Rochefoucault d'Estissac avaient leur caveau funèbre, honneur qui semble prouver leur titre de *fondateurs*, a disparu avec la portion démolie de la chapelle. Ils payaient un légat annuel de 60 l. en raison de cette sépulture.

Un don plus important fut celui d'une maison située dans le jardin, dont les moines firent leur infirmerie (1). Cette infirmerie n'est mentionnée dans aucune des ventes partielles de leur enclos dont les procès-verbaux nous sont parvenus, peut-être occupait-elle le terrain sur lequel l'Hôtel de France a été bâti dont la vente n'a laissé aucune trace.

Cette aliénation paraîtrait bien maladroite s'il n'était démontré que le Département conçut de bonne heure le projet de transporter sur un autre point le siège de son administration. Il s'agit, en effet, d'un vaste emplacement confrontant à la place du Département (aujourd'hui du Temple) et à la rue Barbezières, situé en un mot au beau milieu de l'enclos des Cordeliers, singuliè-

(1) Mémoires de Thibault de Bouteville, mém. soc. de stat., t. 3, p. 206-7.

rement déprécié par cette vente et désormais difficile-
ment utilisable (1).

Ce fut sur ce terrain que Charles-Henri Auchier, dé-
cédé chirurgien à Niort, construisit de 1812 à 1821, l'hôtel de France. Julie Favre, sa veuve, mourut à Beauvoir-
sur-Niort, un fils Louis Auchier médecin, finit ses jours en
Angleterre, une fille enfin, Marie-Louise Auchier, épouse
divorcée de Pierre-Simon Racapé, demeurant à Marennes,
recueillit ces diverses successions et vendit le 20 mars
1830, par acte reçu Victor Bonneau, notaire à Niort,
l'hôtel de France, à Alexandre Coutant et à Esther Rénier-
Alias Reigné — sa femme.

On lit dans l'origine de propriété qu'Auchier avait
acheté le terrain sur lequel il bâtit l'hôtel, de M. Arnauldet, de Niort, suivant acte passé devant Moriceau père,
notaire au dit lieu, il y avait 34 ans environ ce qui re-
monterait à 1796 ou à une époque voisine, mais cet acte
n'a pu être retrouvé ni dans les minutes de Moriceau, ni
dans son répertoire quoique le tout fut fort en ordre (2),
de sorte que si la date n'est pas erronée, l'acte a été reçu
par un autre notaire resté inconnu. Enfin, s'il n'y a
point d'erreur quant au vendeur, il devient probable
qu'Arnauldet avait acheté lui-même du département et
qu'il ne tarda pas à transmettre ce terrain à Auchier.

On a dit que Coutant reconstruisit l'hôtel de France,

(1) On ne saurait douter que l'emplacement de l'Hôtel de France ait fait
partie du couvent des Cordeliers. On voit leur enclos soigneusement teinté
en noir sur le plus ancien plan de Niort qui paraît antérieur à 1762, conservé à la bibliothèque de la ville.

Son périmètre est limité au sud par une ligne droite au-delà de laquelle
le couvent ne devait avoir que des dépendances de peu d'importance telles que
les petits jardins acquis par Morand en l'an IV.

De sorte qu'on peut affirmer que le terrain sur lequel le dit Morand bâtit
son hôtel (où l'on établit en ce moment le service de la poste) n'a jamais fait
partie de l'enclos des Cordeliers. Il est fort probable qu'il s'est élevé sur un
jardin dépendant de l'hôtel de Brémond-Luceraye dont le principal bâtiment
était situé à l'angle des rues Dupin et des Petits bancs et tout près du rempart à l'Est. On mit des détenus dans cet hôtel en 1793 de même que dans
plusieurs autres maisons d'émigrés.

(2) Étude de Mᵉ Ernest Breuillac.

le plan de Thenadey fils (1820) nous le montre cependant tel qu'il est aujourd'hui à cette différence près que la façade sur la place du Temple, *n'est point encore bâtie.* C'est donc vraisemblablement à cette unique façade que se réduisent les travaux exécutés par Coutant (1).

Notre premier Préfet nommé par les consuls le 11 ventôse an VIII, ne pouvant trouver place aux Cordeliers y laissa les bureaux de l'administration départementale et alla se loger, comme nous l'avons dit, dans une maison située près de la principale porte de l'Oratoire, pour laquelle le département payait un loyer de 1.000 l.

On ne sait pour quelle raison Dupin ne songea point à réserver pour les Archives la chapelle des Cordeliers où elles eussent été beaucoup moins en danger qu'à la Charité tout en restant à proximité des bureaux (2). Déjà, il est vrai, le département avait commis pareille bévue en les installant au Carmel dont la vente suivit de près celle de la chapelle des Cordeliers (22 prairial et 22 messidor an VIII). Cette dernière aliénation prouve que le projet d'établir le siège de l'administration centrale dans l'ancien couvent des religieuses formé par le département en l'an V était définitivement abandonné.

Le Préfet relégué dans sa maison de la rue civique avait fort à se plaindre de l'éloignement de ses bureaux, aussi songea t-il bientôt à s'en rapprocher. Il paraît avoir tout d'abord jeté les yeux sur l'hôtel que Morand venait de faire bâtir au sud de l'enclos des Cordeliers auquel il était contigu par ses dépendances (3). L'acquisition trai-

(1) Coutant, ancien maître d'hôtel et ancien maître de postes et sa femme, retirés au Gros Breuil, c° de Talmont (Vendée) vendirent l'hôtel de France le 30 juillet 1670, par acte passé devant Eschassériaux, notaire à La Rochelle à Jules Honoré Béquet, traiteur au dit lieu et à Nathalie Bignonneau, sa femme, de qui il fut enfin acheté par M. Lécuiller, demeurant à Villeneuve-la-Comtesse, propriétaire actuel (1910).

(2) Dupin et le département avant lui, peuvent avoir trouvé la chapelle trop humide pour recevoir les Archives.

(3) Nous avons déjà dit qu'il en était séparé par la maison Viollas du côté de la rue qui prit plus tard le nom du préfet.

nant en longueur, Dupin se résigna à bâtir dans ledit
enclos, il choisit pour sa demeure un terrain situé presque en face du théâtre que Demetz venait de bâtir sur
l'emplacement de la chapelle du Carmel. l'érection de
la première préfecture fut aussi confiée à l'ingénieur en
chef du département.

Un premier crédit de 38.512 fr. était voté par le Conseil général, le 15 floréal an XI (1803) bien qu'il soit le
seul dont on trouve la trace, on sait que la dépense totale
s'éleva à 54.000 fr. mobilier compris (1)

Jacquin dit les travaux fort avancés dans son *annuaire*
de l'an XIII, « la Préfecture sera livrée *au plus tard*, l'année prochaine (1806) ». On ne sait au juste quand Dupin
put aller occuper sa nouvelle demeure. Ce fut là qu'il
reçut Napoléon en août 1808 (2). A cette occasion, un
don impérial créa la place de la Comédie, qui dégagea
fort à propos les abords de la Préfecture. Demetz avait
été promu inspecteur divisionnaire à Aurillac en l'an
XIII, Treton Dumousseau qui lui succéda eut à surveiller
les derniers travaux (3).

Rien n'avait été fait pour les bureaux, Dupin en signale
le mauvais état au Conseil général dans la session de 1809.

On voit par le plan de Thénadey combien Demetz avait
été gêné par l'aliénation du terrain de l'hôtel de France.
La cour de la Préfecture où se trouvent toutes les servi-
tudes, est commune avec les bureaux, il a fallu la repor-
ter au-delà de l'emplacement si malencontreusement
aliéné. La porte cochère s'ouvre sur la place du département, c'est l'ancienne entrée principale des Cordeliers (4).

(1) Briquet. *Histoire de Niort* Biographie de Dupin.
(2) Ibid. T. 2, p. 200.
(3) Treton passa lui-même en Vendée en 1809 ou en 1810.
(4) *28 janvier 1792*. L'assemblée municipale décide que l'emplacement qui
conduit au département sera pavé parce qu'il est impossible de l'entretenir
autrement.
3 mars 1792. Il sera fait une chaussée de 16 toises de long et de 12 pieds
de large depuis la porte du département jusqu'au pavé de la poissonnerie
23 t. c. de déblais seront enlevés pour aplanir la place du département et
unir la rue de la messagerie (aujourd'hui Barbezières), avec l'entrée du département, en pente douce. Le terrain le long de la chapelle, sera nivelé et les

Le préfet ne peut se rendre aux bureaux qu'en traversant une seconde cour au sud de la précédente, située derrière l'hôtel de France. Peut-être avait-on obvié à ce grave inconvénient en construisant entre ces deux cours un bâtiment très étroit, et qui paraît être une sorte de galerie, créant une communication à couvert entre les bureaux et l'hôtel du Préfet.

La première préfecture fut vendue par acte administratif le 5 janvier 1829.

On créa tout d'abord 3 lots ainsi composés :

1° Hôtel du Préfet, 2° bureaux, 3° remise au bout et en dehors du jardin ; puis sur enchère sur le prix total des lots, l'ensemble fut adjugé à Jean-Gabriel Brelay, avocat, pour 71.000 fr. La vente ne stipule aucune réserve, cependant l'administration départementale resta en location aux Cordeliers jusqu'à l'inauguration de la nouvelle préfecture en 1832. L'œuvre de Demetz a subi peu de transformations, elle était passée par succession *paternelle* à feue madame Prévôt dont le fils, M. Gabriel Prévôt l'a vendue à M. Robin-Dubreuil actuellement propriétaire (1910).

Vers 1806, une voie appelée bientôt après rue de Montigny (1) était ouverte pour mettre en communication

déblais en provenant, seront régalés « dans l'ancien lit du canal près le bout de la poissonnerie ». Démolition du vieux mur de ville sur 12 toises de long depuis le jardin de Cruvelier jusqu'au coin de la poissonnerie pour joindre la place du département avec celle de la Brèche. Avec les pierres de la démolition, on construira un mur à pierres *sèches* depuis la saillie du jardin Cruvilier jusqu'à la porte de la Brèche. Un escalier de 4 marches sera fait au bout de la place du département du côté de la Brèche. (Cette différence de niveau s'explique par le comblement du marais de la Brèche. Après l'ouverture de la porte de la Brèche et les remblaiements qu'elle amena, le terrain situe au nord des Cordeliers, derrière le rempart, parait avoir été très fortement en contre-bas. Devant la porte de la Brèche, le sol est élevé au moins de deux mètres comme j'ai pu le constater, elle fut percée au point où la vallée était alors la plus profonde correspondant à l'ancien lit du Merdusson). On fera 12 toises de mur en prolongement du mur de la place de la Brèche, du côté de la poissonnerie. 20 arbres seront plantés sur la place du département. L'adjudication de tous ces travaux a lieu le dit jour 3 mars 1792, Cauvin était alors ingénieur ordinaire. (Rég. des délibérations) de l'assemblée municipale 1792. Archives Hôtel de ville de Niort.

(1) En souvenir de Barré de Montigny, maire de Niort, de 1803 à 1808, aujourd'hui rue du Temple.

la place qui porta successivement les noms de place des
Cordeliers, du département, de la prefecture et du Temple, avec la nouvelle allée basse de la Brèche, limite
désormais rectiligne à l'Ouest qui remplaçait les deux
allées obliques du plan initial. La rue de Montigny
n'avait été percée que fort partiellement sur les terrains
dont la loi du *14 ventôse an XIII* autorisait l'aliénation (1)
et même sur ceux qui furent retranchés de la Brèche à la
suite de la transformation subie par son côté occidental.

En conséquence d'une délibération municipale prise
dès le 13 juillet 1753, la commune avait acquis des Cordeliers un terrain allongé s'étendant depuis le mur de
ville jusqu'à la rue qui descend du couvent des Carmélites (2) au carrefour des Cordeliers (3) tenant du midi
à la chapelle et au jardin de ces religieux et du nord à
la rue la poissonnerie, moyennant 1,600 l. reçus par les
moines.

Les Cordeliers paraissaient n'avoir que des droits assez
incertains sur une portion de ce terrain. Ils avaient compris dans leur enclôture un bastion élevé près du rempart à une époque inconnue, la ville venait d'en retirer
340 toises cubes de déblais, destinés semble-t-il, au comblement des abords de la porte de la Brèche récemment
ouverte (4), la commune reprenait possession de l'emplacement du bastion.

La ville se proposait de rendre plus commode l'accès
à la promenade *sur le rempart*, de dégager un quartier
très resserré, plein d'auberges, incessamment parcouru

(1) Anciens remparts et fossés de la ville et terrains communaux adjacents.
(2) Aujourd'hui rue Barbezières.
(3) Place du Temple.
(4) Le pont-levis de la porte martiale (Brèche) ne fut supprimé et le fossé
comblé qu'à la suite d'une délibération du Conseil général de la commune du
14 fructidor an IV. Les déblais provenant du bastion ont pu servir encore à
relever le sol de la chapelle des Cordeliers mais ils n'ont pas dû y être
entièrement employés.

Henri Proust croyait qu'ils servirent au comblement du *cul de poële* formé
par l'angle rentrant des remparts entre les Cordeliers et la Poissonnerie.
H. P. Recettes et dépenses. T. 2, 374. Mém. Soc. de Stat. 3ᵉ Sᵉ, VII.

« par les messageries, carrosses et autres voitures publiques », de créer une place qu'elle se promettait de planter bientôt, etc. (1).

Il est fort naturel qu'on ait songé à cet emplacement central pour y mettre les bouchers sans asile après la démolition des halles par le général Macors en 1793.

L'erreur où on est tombé relativement à l'origine de cette boucherie s'explique aisément. Au commencement du xviiᵉ siècle, le transfert de la poissonnerie hors des halles où elle incommodait par son odeur, avait été décidé. Un local disposé de façon à ce que l'égout put s'écouler dans les fossés de la ville était demandé. Un hangar appartenant à Nathan Raguenau et à Jacquette Gille, sa femme, situé entre la rue du Minage et les Cordeliers, au pied du rempart qui barrait la vallée au-dessous du marais de la Brèche, paraissant offrir toutes les conditions requises (2), acquisition en fut faite le 9 novembre 1609. Les travaux d'installations terminés, la poissonnerie put enfin s'établir dans ce bâtiment le 30 avril 1610 (3).

Après l'abandon du premier hôtel de ville placé sur le petit placiste formé par la réunion des rues Saint-François, Babinot, et du Minage, la petite boucherie occupa *en partie* cette vieille maison où le bureau d'entrée de la porte de la Brèche vint la remplacer en 1750 (4). Les bouchers délogés étaient peu nombreux, on trouva pour eux assez d'étaux disponibles dans le vaste hangar de la poissonnerie.

(1) On sait que Piet Berton Mᵉ particulier des Eaux et Forêts voulut bâtir sur ce terrain et mit en avant de hautes influences sans pouvoir obtenir l'autorisation municipale.

(2) Le déversement des égouts de la poissonnerie et de la petite boucherie dans l'eau stagnante du marais de la Brèche offrait cependant des inconvénients faciles à prévoir, aussi voyons nous bientôt la commune tenter d'établir abattoir, boucherie et poissonnerie sur l'emplacement du *grenier*, ancien port abandonné contigu au château au nord,

Le gouverneur Bruchard de la Pomélie ne voulut pas subir ce fâcheux voisinage, et le projet ne fut réalisé qu'en l'an XI.

(3) Bardonnet Ephémérides.

(4) Henri Proust. Dépenses de l'Hôtel de Ville, mém. soc; de stat. 3ᵉ série V 329.

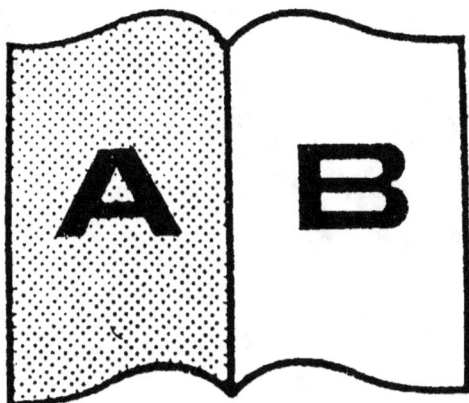

Contraste insuffisant

NF Z 43-120-14

LA BRÈCHE DE ...

La question des bouchers devint autrement sérieuse
après la destruction des halles. Le Conseil général de la
commune dans sa séance du 25 juillet 1793, charge les
citoyens Duquin jeune, Ducrocq et Coudert Prévigneaud
de chercher un nouvel emplacement. Ils jetèrent tout
d'abord les yeux sur le vieil Hôtel de Ville *partiellement*
occupé par le bureau d'entrée. Le reste avait été vendu,
un des propriétaires se montra récalcitrant, il fallut y
renoncer (séance du 30 juillet 1793).

Dans la séance du 26 août 1793 deux autres projets
sont présentés, on songe encore au *grenier*, sur lequel le
monument Brisson s'élèvera enfin en l'an XI, cette fois des
frais considérables et la longueur des travaux décident
le choix du fossé du château *du côté de Pelet*. Le manque
d'argent arrête tout, on rappelle le 22 floréal an 2 que
les tombes des anciens cimetières doivent entrer dans la
construction de la boucherie d'où résultera une diminu-
tion de la dépense.

La situation du marché au blé n'est pas moins précaire,
on décide le 28 brumaire an IV qu'on le transportera à
la *poissonnerie* dont le bâtiment sera allongé, une sous-
cription est ouverte, le 12 pluviôse *on rend l'argent* et la
décision n'a pas de suite. Le 21 brumaire an V on arrête
enfin que les bouchers occuperont la poissonnerie (*et il
en est ainsi fait*) et que les poissonniers s'installeront en
plein air. Le marché aux blés était à Notre-Dame depuis
le 10 germinal an IV.

Cette situation intolérable amena enfin la construction
d'une nouvelle boucherie dans le terrain vendu par les
Cordeliers à la commune en 1753. Les bois, tuiles et fers
provenant de la démolition, furent vendus par la ville,
le 16 février 1807. Les aliénations municipales faites le
12 novembre 1806 en vertu de la loi du 14 ventôse an
XIII autorisant la vente des anciens fossés de la ville et
terrains communaux adjacents dans les formes requises

pour les biens nationaux, permettent d'en déterminer la situation.

Trois lots avaient été formés entre la rue de Montigny encore non dénommée et l'enclos des Cordeliers. La contenance partielle n'est point indiquée, la superficie totale s'élevait à 377 toises carrées (1).

Le lot acquis par Treton Dumousseau ingénieur en chef du département après Demetz, confrontait du levant à un de ceux qui passèrent à Cruvelier, du couchant à la place du département, du nord à la rue qui conduit de la place de la Brèche à la Préfecture et du midi au temple protestant.

Sur la plainte des protestants, cette adjudication fut annulée par application de la loi qui interdisait la vente des terrains situés autour des édifices consacrés au culte et la vente n'a pu en être faite que peu d'années avant 1910.

L'un des lots achetés par Cruvelier était borné au nord par la rue nouvelle (2) du midi et du levant au jardin et magasin (3) de l'acquéreur et du couchant au lot de Treton Dumousseau.

L'autre lot passé à Cruvelier confrontait au levant à la rue qui longe l'allée basse de la Brèche, du couchant. *en y comprenant le mur de ville*, au jardin (4) et cabinet de l'acquéreur, du nord à la rue nouvelle et du midi à un emplacement de terrain en avant du jardin de la Préfecture.

---

(1) Etat indicatif de la superficie et nature des terrains vains et vagues dont la ville de Niort a la propriété. Arch. de l'Hôtel de Ville. Doc. non classés s. d. vers l'an XIII.

(2) Le nom de la rue Montigny apparaît pour la 1ʳᵉ fois dans le plan de Thenadey fils 1820.

(3) Ce magasin avons-nous dit p. 18, paraît avoir été établi dans la portion de la chapelle réservée par Cruvelier, à l'occasion du don qu'il fit à la ville le 4 brumaire an IX. Il est facile de reconnaître à l'heure actuelle que le Temple a beaucoup moins de longueur que l'ancienne chapelle.

(4) On se souviendra de ce que Cruvelier possédait déjà ce jardin en 1792.

Il est dit dans les procès-verbaux que les deux lots acquis par Cruvelier se trouvaient *sur l'emplacement de l'ancienne boucherie* (1).

Elle se trouvait en bordure de la rue du Temple actuelle du côté du midi.

Il ne saurait donc s'agir d'une boucherie datant au moins du XVIIᵉ s. comme l'avait pensé Bardonnet (2).

Située dans un quartier où l'on avait vu des bouchers depuis un temps immémorial (3), il est facile à comprendre qu'on l'ait confondue avec les boucheries plus anciennes et que le souvenir s'en soit perdu.

En l'an XI, bouchers et poissonniers allèrent occuper les étaux à eux réservés dans le *monument* Brisson. La *nouvelle boucherie* n'eut donc qu'une très courte existence.

Après la démolition de la boucherie, un plan de Demetz du 20 thermidor an XII, sur lequel nous reviendrons bientôt, figure des allées plantées sur son emplacement, comme les bouchers ne la quittèrent qu'en l'an XI, elles ne pouvaient être que de date très récente, peut-être même ne s'agit-il que d'un projet, il n'en est fait aucune mention dans la vente de l'emplacement qu'elle avait occupé *le 12 novembre 1806*.

Les Cordeliers de Niort relevaient de la province de Touraine, et là comme ailleurs, cet ordre a laissé peu d'archives, celles du monastère de Niort peuvent avoir souffert lors de la première occupation de cette ville par les huguenots qui le saccagèrent et massacrèrent deux moines. C'était le seul couvent de Niort dont l'origine

(1) Il était de tradition (voy. soc. de stat. procès-verbal *ms.* du 6 avril 1841) qu'il y avait un abattoir à cette boucherie. On devine quel foyer d'infection elle dut créer faute d'écoulement. Les dernières traces de cet abattoir paraissent n'avoir disparu que vers 1841, année ou des sculptures trouvées dans le mur d'un abattoir que nous ne saurions autrement situer, furent données à la société de statistique. Ces sculptures provenaient peut-être de tombes des cimetières réservés pour la boucherie à construire, Voy. plus haut.

(2) Ephémérides 1867, nº 27, 28 juin 1617.

(3) Rue des petits bancs, sur l'emplacement du premier hôtel de ville, à la poissonnerie, à la nouvelle boucherie.

fut ancienne (1). On ne sait à qui il faut en attribuer la
fondation.

Un chapitre général de l'ordre de St-François d'Assise
a été tenu dans la chapelle de Niort en 1461 (2).

Jean Arnauld, franciscain de la province de Tou-
raine et du couvent de Niort, fut confesseur de Jean de
Berry, comte de Poitou, à la fin de sa vie. (Vers 1410)
Jean de Berry mourut en 1416. (3)

Le couvent des Cordeliers eut à subir plusieurs inondations. Le Journal d'Emmanuel Augier de la Terraudière nous apprend qu'il y eut en 1711 trois pieds d'eau
dans les cloitres. En 1748, l'église et le couvent furent de
nouveau envahis (4). Le grand égoùt ouvert vers 1758 rue
du Minage, fut loin d'assécher suffisamment le monastère ;
lorsque le comblement de la Brèche fut opéré de façon
à peu près définitive, tout le terrain situé au nord des
Cordeliers se trouva fort au-dessous de la place. Nous
avons vu qu'en 1792 un escalier de *4 marches* fut établi
pour obvier à cette différence de niveau. Dans de telles
conditions, on devine ce qu'il advenait des eaux de la
poissonnerie dirigées tout d'abord vers le marais de la
Brèche où elles se déversaient encore en 1718. Avaient-
elles utilisé le canal dit *des Cordeliers* pour lequel 13 jour-
nées de travail furent payées le 30 décembre 1791 au
nommé Bobeau, journalier (5). Serait-ce ce canal qui fut
comblé l'année suivante avec des terres prises au nord
de la chapelle (6). Toujours est-il qu'il fallut à la même

<hr/>

(1) Si l'on excepte les prieurés.

M. Henri Clouzot, *Cens et rentes dus au Comte de Poitou au* XIIIe
siècle, p. 28, semble disposé à croire que les Cordeliers furent introduits à
Niort par Alphonse, comte de Poitou, frère de St-Louis.

(2) Notes du curé Taury.

(3) Siméon Luce. *Jeanne d'Arc et les ordres mendiants.* Revue des Deux-
Mondes 1881.

Livraisons de mai et de juin.

(4) De Ste-Hermine. Tableau des rues de Niort in-4°. Morisset 1826.

(5) Compte rendu du trésorier de la commune de Niort (29 novembre 1791-
30 novembre 1792).

Nous pensons qu'il s'agit d'un curement.

(6) Voir plus haut.

époque paver les abords de l'entrée du département dont l'état était déplorable (1).

L'escalier créé en 1792 fit pour la première fois communiquer la place du département avec celle de la Brèche. C'est l'origine de la rue de Montigny (Temple) ouverte sur les terrains retranchés de la Brèche aliénés en 1807. Un comblement a fait disparaître l'escalier de 1792 (2).

Cfr. Album A. Bouneault. Série X 937, 938, 943, 944.

Le n° 937 reproduit l'épitaphe de Jean Liger, gardien des Cordeliers † le 12 sept. 1625, découverte par l'artiste dans la chapelle.

Le n° 938, celle de Philippe Bastard † à l'âge d'un an environ, le 23 avril 1635, fils d'autre Philippe Bastard. Sa tombe a été trouvée en creusant des fondations d'une maison, placée à l'angle de la place et de la rue du Temple et confirme la tradition qui situe un cimetière entre la chapelle des cordeliers et la poissonnerie, encore pratiqué, comme on le voit en 1635.

Le n° 943 figure les armes des Franciscains à l'intrados de la porte qui faisaient communiquer la chapelle avec le couvent.

Le n° 944, le cartouche portant le nom de Claude Baudry qui reconstruisit les voûtes de. la chapelle en 1680.

(1) Ibidem.

Qu'était-ce ce canal des Cordeliers, où se déversait-il, tombait-il dans le grand égout de la rue du Minage comme on nous l'a assuré, ou allait-il rejoindre le Merdusson en passant sous l'auberge des trois pigeons ? On trouvait en bordure des halles, au midi, un égout couvert, à un niveau supérieur au Merdusson recevant les eaux pluviales. Il en existe encore un semblable en bordure de la Brèche au nord de l'escalier (Maison Mounier, notaire).

(2) Les documents relatifs aux Cordeliers sont trop rares pour ne pas rappeler ce qui est dit de ce couvent. Dans l'Etat des Chemins et Châteaux du Poitou dressé par René Androuet du Cerceau en 1611. *Archives historiques du Poitou*, XXXI p. 371.

III

Transformation de la place de la Brèche sous l'Empire

Sommaire. 1749. Une *brèche* de la muraille se transforme en porte charretière.

Depuis le 15 avril 1750, la foire aux bestiaux se tient sur l'emplacement de la future place.

1750-1755. Ouverture des routes de Paris (1) et de la Rochelle.

1758. Un grand égout collecteur, parallèle à l'ancien cours du Merdusson, va déverser dans la Sèvre l'eau stagnante du nouveau champ de foire.

1769-1771. Le sous-ingénieur Mathieu dresse le plan de la place et de ses promenades et le fait exécuter. Projet de porte monumentale à l'entrée de la Brèche. La pyramide du comte d'Artois.

A la Révolution, la Brèche devient la *place Martiale.* Fêtes publiques, exécutions et autodafé.

1793. Le général Macors détruit les halles et fait abattre les arbres des promenades Saint-Gelais et de la Brèche pour en faire des palissades.

An IV. Suppression du pont-levis de la porte Martiale et comblement du fossé.

An. V. Les arbres replantés, le sculpteur Drouard présente un plan de décoration qui n'est pas exécuté.

An XII. Demetz fait adopter un plan pour le redressement du côté occidental de la place Martiale qui reprend son premier nom sous l'Empire

1806-1807. Le triangle retranché de la Brèche vendu avec le fossé et la muraille, rue Bonaparte et collecteur prolongés, ouverture de la rue de Montigny.

(1) Antérieurement, du côté de Saint-Maixent, on arrivait à la porte Saint-Gelais par le *chemin haut,* d'après la tradition, le futur Henri IV serait même venu à Niort par le *chemin des Sablières* qui débouche au-dessus du Pontreau.

Le 28 décembre 1769, Pierre Mathieu, sous-ingénieur des ponts et chaussées, originaire de Virecourt au Diocèse de Toul, marié à Niort en 1767, fut chargé de dresser un projet de champ. de foire et de promenade publique.

En 1771, les travaux étaient achevés et les plantations faites conformément au devis.

La nouvelle place prit le nom de la porte de la *Brèche* ouverte dans le rempart dès 1749 (1). Il y eut même un projet de porte monumentale ne manquant *pas d'allure* retrouvé par M. Henri Clouzot au ministère de la guerre (2). En 1793, le général Macors fit abattre les halles et les arbres des promenades St-Gelais et de la Brèche. On fit de nouvelles plantations en l'an V et la Brèche reprit à peu près son ancien aspect qu'elle conserva jusqu'en 1806.

La Brèche, créée par Mathieu, est figurée dans une sorte de cadastre de la ville de Niort et de ses environs aux archives de la mairie, actuellement déposé à la bibliothèque publique, coté par nous *B* dans notre étude sur les *cimetières de Niort* (1896) auquel nous empruntions alors le plan de la promenade St-Gelais.

C'est encore ce cadastre qui a fourni le seul plan de la Brèche antérieur à 1793 de nous connu, reproduit au commencement de cette brochure.

On ne peut déterminer qu'approximativement la date dudit *cadastre*.

Les travaux de la place St-Gelais commencés en 1773, encore en pleine activité au *commencement de 1775* (3), ne purent donc être achevés *au plus tôt* qu'au cours de *la dite année*. On peut même considérer combien il est peu probable que le *cadastre* ait été aussitôt dressé, il daterait

---

(1) H. Proust. Revenus et dépenses de l'hôtel de ville de Niort. Mém. soc. de stat 2ᵉ, sⁱᵉ VII, 294. Cette porte se trouvait au point de convergence des rues Saint-François, de la Poissonnerie et du Minage, entre le Raisin de Bourgogne et la maison Alix.

(2) Lettre du 17 décembre 1908.

(3) Affiche du Poitou du 5 janvier 1775, p. 3, à l'article *Antiquités*.

donc tout au plus de 1776. Nous ne le croyons pas, en somme, antérieur à 1778.

Les limites de la place déjà rectilignes au nord, au levant et au midi, n'ont guère varié, au couchant, du côté de la ville, elle formait un angle très ouvert. Deux allées plantées, partant de la porte de la Brèche, allaient en divergeant rejoindre celles du nord et du midi.

L'espace compris entre les branches de l'éventail, insuffisamment desséché par le grand égout parallèle au Merdusson ouvert après l'inondation de 1748(1) ou plutôt de 1747, était encore souvent envahi par l'eau de Bouillounouse dans la mauvaise saison, inconvénient particulièrement grave pour les habitants du quartier de la route de Paris, encore sans fournisseurs, ainsi parfois isolés de la ville.

On avait en vain creusé des fossés, le traité passé avec Drouard pour la décoration de la Brèche en l'an V (2), témoigne du désir de supprimer tout au moins la gargouille de la rue Babinot (3), même dès 1753, l'acquisition de parcelles de terrains détachées du clos des Cordeliers semble faite pour donner, en temps d'inondation, passage à l'eau mal contenue par le rempart (4).

(1) Le journal d'Emmanuel Augier de la Terraudière parle déjà d'un *fossé* ouvert depuis la porte de la Brèche jusqu'au bout de la halle du côté du château après l'inondation de 1711. Serait-ce l'origine du fossé à ciel ouvert qui subsistait encore à la Révolution au nord des Halles entre les rues du Minage et du Pilori ? Renseignement fourni à M. Marot, plus qu'octogénaire en 1910, *par son père.*

Il est plus probable que ce fossé datait de la construction des Halles sous Alphonse c^te de Poitou.

(2) Bull. soc. de stat. Janvier-Mars 1890, 478-79. Ce traité n'eut pas de suite.

(3) La gargouille de la rue Babinot continua de se déverser dans le bas de la Brèche jusqu'à la construction de l'escalier par Bernard d'Agesey en 1816 ou 1817.

La Commune avait cependant fait faire, dans la rue Babinot, un égout de 3 pieds de large sur 4 de haut mis en adjudication le 3 mars 1792. (Reg. des délibérations de l'Assemblée municipale) nous ne savons où cet égout aboutissait.

(4) Cfr. sur les origines de la Brèche. Van der Cruyssen. La place de la Brèche et la pyramide du comte d'Artois. L. Clouzot 1895.

Henri Proust. Emplacement du premier hôtel de ville, rue St-François. Bull. soc. de stat., VII, 193 avec plan.

L'ancienne muraille avait été même démolie en 1792 sur une longueur de 16 toises et remplacée par un mur à pierres *sèches* reporté plus à l'Est. Lorsque la destruction des halles en 1793, provoqua la construction d'une boucherie sur le terrain anciennement acheté des moines, l'eau déversée par la boucherie dut en se réunissant à celle de la Poissonnerie produire un cloaque infect sans écoulement. La construction du monument Brisson permit enfin de se débarrasser de la boucherie et de la poissonnerie devenues inutiles. L'éventualité de ces deux aliénations réveilla l'idée déjà ancienne de transformer tout ce quartier de la ville et d'en finir avec le marécage de la Brèche.

Il existait aux archives de l'hôtel de ville un « plan du pourtour de la ville de Niort à partir de la tour de l'Espingole jusqu'à la terrasse St-Gelais avec l'indication en rouge tant des grandes routes faites ou à faire, rues et places publiques que des portions de terrains appartenant à la commune et divisées en lots pour être vendues au plus offrant.

« N. B. Les dits lots sont par ordre de numéros avec la désignation des surfaces qu'ils contiennent en mètres et en toises. »

Signé par l'ingénieur en chef du département « l'infatigable Demetz » le 20 thermidor an XII.

Ce projet approuvé par le Conseil municipal pour être exécuté selon sa forme et teneur, fut transmis pour autorisation au Préfet par le maire Barré de Montigny, le 16 fructidor suivant.

Dans le plan de l'an XII figure le redressement du côté occidental de la Brèche, devenu rectiligne comme les trois autres (1), mais l'allotissement du triangle retranché de la place n'y est point indiqué et on ne voit aucun tracé de la rue de Montigny, à en juger tout au moins par la copie que feu M. Gustave Laurence avait fait faire de ce plan aujourd'hui égaré.

(1) Il prit le nom d'allée basse de la Brèche.

La loi du 14 ventôse *an XIII* autorisa l'aliénation des anciens fossés de la ville et terrains communaux adjacents dans les formes prescrites pour les domaines nationaux. Les adjudicataires étaient tenus de clôre ou mettre en construction les terrains acquis dans l'année à dater du jour de la vente, de déblayer et remblayer les rues et places publiques devant les lots achetés et aux pavages des rues à eux contiguës. Ces ventes se firent dans la salle d'audience de la mairie. Elles commencèrent en 1806, l'administration les mena avec une sage lenteur, les dernières sont de 1816 (1).

Le 14 fructidor an IV, la commune avait pris un arrêté ordonnant la suppression du pont-levis de la porte Martiale et le comblement du fossé. On ne sait ce qui en fut fait. Le prolongement à travers le triangle retranché de la Brèche de l'égoût ouvert dans la rue du Minage après l'inondation de 1748, fut la conséquence des ventes de 1806 et 1807.

L'aliénation, remparts compris, de l'espace compris entre la rue Babinot et la nouvelle allée basse de la Brèche, au nord de l'*entrée de la rue Bonaparte* (2), date de 1806. Ce fut alors que Noël Charrier et Elisabeth Château, sa femme, acquirent le terrain situé à l'angle de la nouvelle rue où ils bâtirent la maison que leur arrière petite-fille vendit vers 1908, sur l'emplacement de laquelle le *Grand Café* vient d'être construit (3).

L'ilot compris entre la nouvelle allée basse de la Brèche, au levant, la rue de la Poissonnerie, au couchant,

(1) La vente des terrains du Ch. teau n'eut même lieu qu'en 1817, mais elle se fit en vertu du décret du 7 août 1808 et de l'ordonnance royale du 15 janvier 1817, la loi du 14 ventôse an XIII y fut étrangère.

(2) La rue du Minage devint la rue du Peuple à la Révolution, elle prit ensuite le nom de rue Bonaparte. Nous avons vu parfois son prolongement à travers les terrains retranchés de la Brèche appelé *rue Impériale*. Ce n'est jamais que l'*entrée de la rue Bonaparte* dans les procès-verbaux de vente.

(3) Nous avons dit ailleurs que la ville vendit encore en 1806 le terrain situé entre la future rue de Montigny et l'ancien enclos des Cordeliers, sur lequel s'était élevée, après la destruction des halles, une nouvelle boucherie alors démolie.

l'entrée de la rue Bonaparte au nord et la rue de Montigny, encore non dénommée, au midi, ne fut vendu que le 20 avril 1807.

Plusieurs procès-verbaux existent encore (1) mais la vente de l'ancienne poissonnerie n'a pu être retrouvée, on sait seulement qu'elle avait 67 toises de superficie.

Les acquéreurs des terrains en bordure de *l'entrée* de la rue Bonaparte, furent de l'Est à l'Ouest.

1° Louis Froget, maître de la poste aux chevaux dont le lot passa à feu M. Emmanuel Frappier par qui fut bâti l'hôtel où la *Société générale* a ouvert ses bureaux en 1909 (2).

2° Treton Dumousseau, ingénieur en chef du département après Demetz.

3° et 4° Espinet receveur de l'enregistrement à Fontenay représenté par sa femme, née Deshayes.

L'adjudication du 2e lot se fit pour 1.050 fr. Marin avait poussé les enchères jusqu'à 1.025 fr. L'acte de vente que lui consentit plus tard Treton Dumousseau n'a pu être retrouvé, il est probable qu'il coïncide avec la nomination de l'ingénieur en chef dans la Vendée vers 1809. Enfin Marin a du acheter vers la même époque les lots 3 et 4 dont Espinet s'était porté adjudicataire. C'est sur ces trois lots qu'il bâtit l'hôtel du Raisin de Bourgogne dont le bâtiment principal élevé sur le lot provenant de Treton, s'ouvrait sur la rue Bonaparte prolongée (3).

(1) Archives de l'Hôtel de Ville. Cartons des actes soumis à l'enregistrement.

(2) Ignace Bouin, maître de poste, fut destitué en 1782 et eut pour successeur Forget (du Maine) il habitait rue Pinaudière.
La ville devint propriétaire de sa maison, d'une écurie et d'un jardin d'une contenance totale de 407 toises carrées, en lui remboursant 7.039 l. 14 s. pour prix de constructions par lui faites.
Etat indicatif de la superficie et nature des terrains vains et vagues dont la ville est propriétaire. Arch. de l'Hôtel de ville. Doc. s. d, (vers l'an XII). Cfr. Henri Proust. Revenus et dépenses de l'Hôtel de Ville, Saint-Maixent 1892 p. 292.

(3) Puisque nous en sommes aux modifications subies par la rue Bonaparte en 1807, peut-être y a-t-il lieu de rappeler que les travaux relatifs à la suppression de l'escalier au bout de la rue du Pilori et à la réfection du pavé et des trottoirs latéraux appartenant à la grande voirie, furent mis en adjudication le 15 juin 1807.

Le 27 avril 1811, Marin, hôte du Raisin de Bourgogne, faisait insérer dans le *Journal des Deux-Sèvres* (1) une réclame dans laquelle il déclare que son hôtel est neuf et meublé à neuf, qu'il est situé à *l'entrée* de la rue Bonaparte, près du champ de foire et qu'il a été bâti en prévision de sa destination. Le *Raisin de Bourgogne* a donc été livré au public au commencement de 1811.

Cet hôtel fut vendu vers 1863 en plusieurs lots, l'enseigne a été transportée à l'ancienne filature Mathé en face du porche par lequel la rue de l'Herberie s'ouvre sur la rue Victor Hugo. Le magasin du Printemps, rue Ricard, occupe le principal bâtiment de l'ancien *Raisin de Bourgogne*.

Espinet avait acheté la plupart des autres lots mis en vente le 20 avril 1807. Il semblerait qu'il ait songé, dans un but de spéculation, à mettre la main sur tout l'îlot si bien circonscrit par des voies commodes. Le morcellement paraît exagéré du côté de la rue de Montigny, les lots y furent encore rebrassés par des ventes ultérieures au point qu'il est bien difficile de les retrouver aujourd'hui.

Les consorts Martin Monteuil achetèrent d'Espinet le terrain situé sur la Brèche à l'angle de la rue Montigny où ils bâtirent leur hôtel dont Mme Servant est aujourd'hui propriétaire.

Les dernières adjudications des terrains en bordure de la Brèche n'eurent lieu que le 28 août 1816. Ces parcelles étaient situées entre la route de Niort à la Rochelle et la remise du Préfet. A la dite date eurent lieu les dernières ventes autorisées par la loi du 14 ventôse an XIII (2).

Pour bien connaître les modifications apportées à la topographie de la ville, il est non moins indispensable

(1) P. 134.

(2) La vente des terrains situés autour de la place Saint-Gelais (de Strasbourg aujourd'hui) est aussi du 28 août 1816. Dans cette vente figure l'emplacement sur lequel ont été bâties les maisons situées entre les rues Chabot et Pluviaut, retranché de l'ancienne promenade Saint-Gelais.

de relever les procès-verbaux des ventes purement nationales. C'est grâce à l'un d'eux que nous avons pu retrouver l'emplacement de l'une des redoutes élevées par le
général Macors en 1793 après la déroute de Châtillon (1).

Canton de Niort, commune de Niort, ventes du 16 prairial an IV procès-verbal n° 2 (2).

Un jardin situé *sur les murs* de la ville de Niort, *place*
Saint-Gelais, confrontant du couchant au *magasin des four-*
rages, du levant au terrain du *Corps de garde,* du midi au
jardin de l'acquéreur, du nord aux murs de la ville, avec
droit de passage dans la vanelle du *corps de garde* rue et
porte Egalité (3).

Sous les conditions de la part de l'acquéreur, de ne
pouvoir faire construire dans le dit jardin aucun édifice,
de laisser exister les madriers sur lesquels étaient placés
les canons jusqu'au jour où le commandant de place
jugera leur conservation inutile. et de ne pouvoir exiger
aucune indemnité lorsque la sûreté de la place exigera
soit qu'on y place les canons, soit qu'on y établisse tout
autre moyen de défense. Ces biens déclarés nationaux
par les lois des 8 avril, 9 février, 2 septembre 1792 et
28 mars 1793. Les dits biens évalués conformément à
l'article 5 de la loi du 28 ventôse an III par procès-verbal
du 15 de ce mois des citoyens Dumesnil, architecte expert
nommé par *l'acquéreur* par sa soumission du 21 floréal
dernier et François-Pierre Taillefert expert nommé par
délibération du conseil du département du 8 de ce mois,
en revenu à la somme de 20 fr. et en capital à celle de
440 fr.

La vente est faite moyennant la dite somme de 440 fr.
à Antoine Carra marchand demeurant à Niort rue *trico-*
lor (4).

(1) Briquet. Hist. de Niort. T. 2, 109.
(2) Archives des Deux-Sèvres. Biens nationaux Q 74.
(3) Rue Saint-Gelais.
(4) Carra se porta adjudicataire, le 28 août 1816, des portions de l'ancien
mur et du fossé limitrophes de son acquisition du 16 prairial an IV et son
terrain devint ainsi contigu à l'ancienne promenade Saint-Gelais.

Ces ventes nationales nous offrent des renseignements d'un grand intérêt qui ne sauraient trouver place dans un article consacré à la place de la Brèche.

Signalons cependant la présence de la boucherie militaire dans l'ancienne chapelle des Capucins, route de Fontenay, en l'an IV (1).

23 prairial an IV. Vente de la chapelle des *Capucins* confrontant du midi à la rue Bauvais (2) et des autres parts aux bâtiments et jardins du citoyen Leboucq acquéreur de la ci-devant maison des Capucins. Cette vente comprend une portion de la cour qui est devant la dite chapelle, d'après la réduction et suivant le plan d'alignement dressé par l'ingénieur en chef. Acquéreur François Viard employé dans les bureaux du département. Il devra laisser jouir tant que les besoins de l'armée l'exigeront, le préposé aux subsistances militaires, section de la viande, de la dite église, servant actuellement de *boucherie*, le dit préposé payant le loyer d'après estimation d'expert suivant procès-verbal du 22 prairial an IV. Réserve de l'horloge, de la cloche et autres objets mobiliers appartenant à la Nation (3).

(1) Archives des Deux-Sèvres Q 74.

(2) Route de Fontenay. Une portion de cette route dans laquelle la rue de Beauvais semble avoir été comprise avait porté le nom de rue du *Chêne Vert* et la porte voisine des Capucins, était aussi dite du *Chêne Vert*.

(3) L'horloge fut transportée à l'hôpital où elle est encore.

IV

LE CHATEAU DE NIORT

Sommaire. Le mur d'enceinte tournoyé et fossoyé, ses portes. *Moulin du Château* ou *Moulin du Roi* indépendant du Château à la Révolution. Le *fort Foucault*, son ancien pont barrant la Sèvre et le pont en bois. Le vieux port du *Grenier* dans l'ancien lit du Merdusson, abandonné au xive siècle, envasé et transformé en jardin ainsi que tout le fossé extérieur et la partie Sud de l'esplanade. La culture de l'angélique. Autorisation royale en 1758 pour l'élargissement des rues du *Jeu de paume* et de *Pelet* aux dépends du fossé.

Le *Donjon*, l'escalier en bois et le pont levis jetés sur sa douve. Ecroulement de la tour Nord en 1749, réédification de sa partie supérieure sur un plan nouveau.

Eglise paroissiale de *Saint-Gaudent* servant de chapelle au château, démolie vers 1600. La paroisse réunie à celle de Notre-Dame. Chapelle sur l'esplanade.

Acquisition *non soldée* du château par la ville en 1791. L'année suivante, elle fixe le siège de son administration dans l'ancien *logement du gouverneur* où elle demeure pendant 74 ans et le département établit sa maison d'arrêt dans le Donjon. Pendant les guerres de la Vendée, des dépôts d'artillerie et de poudre envahissent la forteresse.

En 1798, le Directoire de la République permet au département de créer un *jardin botanique* pour son Ecole Centrale, au Sud de l'esplanade mais refuse l'année suivante, à la ville, toujours débitrice, l'autorisation de bâtir une *bourse* et un *théâtre* sur le fossé de l'Est, en bordure de la rue Civique. Le décret impérial du 7 août 1808 rendu à Niort, *donne* le château à la ville sous la condition de laisser le Donjon au département pour servir de prison.

Depuis la fermeture de l'Ecole Centrale (1802), le *jardin botanique* n'est plus qu'une promenade publique; après avoir pensé au tribunal, on y bâtit la nouvelle préfecture inaugurée en 1832.

Les ventes du 17 mai 1817 sont comme le glas du château. Un quartier neuf, s'élève sur l'esplanade et l'emplacement des murs et des fossés. En 1853, le Donjon est évacué par les détenus qui vont occuper la prison cellulaire bâtie dans les jardins du tribunal. En 1866, l'administration municipale quitte le logement du gouverneur pour se mettre en location rue Royale (Thiers) en attendant la construction d'un nouvel hôtel de ville. Après l'établissement des nouvelles halles sur l'emplacement du monument Brisson (1868-1872), la place du Donjon est prolongée jusqu'au marché couvert et toute trace de la mairie occupée de 1792 à 1866, disparaît.

Les *Archives départementales* déposées au Donjon en 1884, sont transportées en 1895 dans la nouvelle annexe de la Préfecture, au Nord, et la ville reste seule propriétaire du Donjon sous la condition d'acquérir et de démolir les maisons qui en masquent l'aspect.

De l'antique château, il ne subsiste plus que les tours jumelles bâties par Mélusine d'après la légende et pendant la domination Anglaise, si on s'en rapporte à l'architecture.

Une douve profonde creusée dans le roc, isolait ce dernier asile de la défense au milieu de la forteresse. A la Révolution, on pénétrait dans le Donjon par un escalier en bois jeté sur cette douve, il s'élevait jusqu'à une étroite esplanade dont le mur de soutènement n'était pas ancien. Sa construction dut amener de notables changements à la disposition primitive, de là date sans doute la porte percée au niveau du sol. Bien qu'elle eut permis de remplacer l'escalier par un pont-levis au niveau des terres, elle n'en avait point amené la suppression. on continua à monter *jusqu'au premier étage* pour entrer au Donjon de Niort, comme en tous les Donjons, dans un but de défense bien entendu. En 1779 il y avait un pont-levis tout en haut de l'escalier.

L'enceinte formait un parallélogramme irrégulier protégé par un rempart et des tours. La Sèvre en baignait le pied au couchant, il dominait au nord le vieux port du

Grenier (1) établi dans l'ancien lit du Merdusson (2), jadis fermé par un arceau du côté de la rivière. A l'est et au sud, un fossé sans eau en défendait les approches, livré depuis longtemps à la culture maraîchère et loué par le gouverneur, il produisait des plants d'angélique pour les confiseurs.

Par une raison restée inconnue, le fossé ne se prolongeait pas jusqu'au *Grenier*. Il cessait à flanc de coteau, avant d'avoir atteint l'étroite porte précédée de degrés, située à l'angle voisin du port abandonné qui, jusqu'au xvie siècle mit seule le château en communication avec la ville (3).

La porte de fer ou de secours, s'ouvrait sur la rivière en face du Donjon, là aboutissait le pont de bois du fort Foucault. Enfin, en 1587, à l'occasion des conférences de Catherine de Médicis avec les envoyés de son gendre, le futur roi Henri IV, dans l'église de Saint-Gaudent, une troisième porte avait été percée dans la tour la plus voisine de l'auberge de la *Médaille* où il est à supposer que la reine était descendue. Cette porte qui ne devait être que provisoire, subsista pour la commodité du service de la place et de l'église Saint-Gaudent.

La construction du château remontant à une époque fort antérieure à l'invention des armes à feu, l'absence de toute porte charretière permettant d'y introduire le canon sans une manœuvre pénible, s'explique aisément, toutefois, il est assez extraordinaire que l'on n'ait jamais songé par la suite à remédier à ce grave inconvénient. Les canons restaient en dépôt, soit dans une salle basse

(1) On sait qu'en l'an XI le *monument* plus prétentieux qu'élégant élevé par le maire Brisson pour remplacer les halles détruites par le général Macors en 1793, fit disparaître ce bassin abandonné après le creusement d'un nouveau port par Jean de Berry, envahi par la vase et livré à la culture maraîchère avant la Révolution.

(2) Dévié au nord à une époque inconnue. Le triangle compris entre l'ancien cours et le nouveau forma *l'île du Palais* autrefois de la paroisse Saint-Gaudent réunie plus tard à Notre-Dame.

(3) C'est par cette seule porte éloignée et mal commode, que put se faire jusqu'en 1587, le service de l'église de Saint-Gaudent.

de l'hôtel de ville qui porta longtemps le nom de chambre de l'artillerie, soit sous les halles plus voisines de la forteresse. On les trouve même au xvi° siècle, dans une maison près des Cordeliers (H. Proust).

La rue appelée successivement des fossés, du jeu de paume, civique, royale nationale et enfin rue Thiers, commençant au nord à la place des halles (1) aboutissant au sud à la grande porte de l'Oratoire, a toujours existé à l'est du château. Quoique peu rectiligne, elle n'avait pu s'accommoder à la convexité très accentuée de l'enceinte et laissait du côté du fossé, avant d'atteindre l'Oratoire, un espace libre qui semble avoir été occupé jadis par le cimetière de Saint-Gaudent. Au delà de ce terrain, le fossé était bordé par des maisons particulières jusqu'à la rue dite aujourd'hui de l'Abreuvoir qui, comme *plusieurs autres* du quartier de Pelet n'avait d'autre désignation que ce nom de *Pelet*. Enfin la dite rue de Pelet cotoyait le fossé jusqu'à la Sèvre.

Le procès-verbal d'estimation du château de Niort, en prévision de la vente, fut dressé par Pierre Pinoteau, architecte expert nommé par les officiers municipaux et Pierre Boto aussi architecte expert nommé par le Directoire des Deux-Sèvres, du 10 au 14 février 1791 (2), est un des rares documents de cette nature qui nous ait été conservé, pour ce qui est de l'acte de vente, il est perdu comme celui des Cordeliers et beaucoup d'autres.

Les experts constatent que le mur d'enceinte en mauvais état, *n'a pas une hauteur uniforme*, que le fossé au midi et au nord (3) est en culture et même partiellement

(1) Autrefois place du château, civique et de la mairie. Dans l'Etat des chemins et châteaux du Poitou dressé par Androuet du Cerceau en 1611. (Arch. hist. du Poitou XXXI) Il est dit que cette place est fort bourbeuse et qu'il serait urgent de la paver.

(2) Ce curieux document a été découvert par M. Canal, archiviste du département, en faisant pour moi la recherche de l'adjudication du château. Nous ne saurions trop le remercier de sa peine, malheureusement infructueusse, et de la communication du procès-verbal d'estimation.

(3) Ainsi l'ancien port du Grenier était alors comblé et son emplacement livré à la culture maraîchère.

au levant, *le reste étant presque encombré* (1) et enfin que le sol de l'esplanade est fort inégal aussi bien dans sa *portion cultivée* que là où on ne voit que des terrains vagues.

Les bâtiments sont occupés, 1° par le *commandant*, 2° par le sieur Picard et le corps de garde, 3° par *l'ingénieur* au logement duquel un petit magasin est contigu, 4° par Fourestier, jardinier qui jouit de la chapelle du Château attenante à sa maison.

5° Par la compagnie d'invalides casernée dans le Donjon entouré d'une douve assez profonde dont les murs de la contre escarpe sont entièrement ruinés.

6° Par un magasin où l'on met la poudre situé entre le Donjon et l'enceinte du côté de la rivière.

7° Le Fort Foucault de l'autre côté de la rivière est dans un état de ruine complète.

Locations. Fourestier, jardinier paie 280 lt. pour le jardin et le logement qu'il occupe. Picard, pour le bâtiment dont il jouit y compris les écuries attenant au logement de Fourestier et son petit jardin 365 lt.

Les fossés en culture que tient le sieur Gerbier, *y compris une petite partie des fossés de la ville près de Ribray* ensemble 400 lt.

Le fort Foucault, langue de terre. et l'îlot en dépendant, le tout loué à Vallet, meunier du moulin du château 60 lt. (2).

« De plus la *tour de l'Espingole* en Pelet 12 lt. (3).

----

(1) 12 oct. 1756. M. d'Argenson, prévient M. Carrel, lieutenant du roi au château de Niort, qu'il a été permis au maire et échevins de faire combler sur trois toises de largeur le fossé du château et de faire passer près de ce fossé l'aqueduc qui doit être construit pour l'écoulement des eaux de la ville.
Ap. Briquet. Inventaire des archives de la ville de Niort. Titre VIII 1re section. Tome IV, p. 63. Il s'agit du grand égout de la Brèche.

(2) On remarquera l'absence de toute mention de fermage de ce *moutin* qui ne fut point estimé par les experts.

(3) Les murailles de Niort ne furent abandonnées à la commune qu'en l'an XIII.

« Langue de terre le long de la rivière affermée à Brochain 18 lt.

« Pour un petit fossé 6 lt.

« Rente de 10 lt. sur une maison à l'entrée du pont de Niort où était ci-devant le corps de garde de la porte.

Donnant en tout un revenu annuel de 1.151 lt. (1).

Superficie totale des terrains compris dans l'intérieur et l'extérieur du dit château ainsi que celle du fort Foucault en dépendant, 10.500 toises carrées, 4 pieds 5 pouces, non compris l'épaisseur des murs de l'enceinte du château ainsi que l'emplacement des tours qui y sont attenantes, se répartissant ainsi :

1° Jardin du gouverneur 574 toises 5 pieds 10 pouces.

2° Jardin occupé par Picard 178 toises 1 pied.

3° Jardin de Fourestier 3.147 toises.

4° Jardin de l'ingénieur 126 toises.

5° Terrain vague inculte, douve du Donjon et espace occupé par les bâtiments 3.857 toises 3 pieds 7 pouces.

6° Fossé au midi et partie de celui du levant en culture 976.

7° Fossé vague au levant 673.

8° Fossé au nord 420 (2).

9° Fort Foucault et dépendances 558 toises.

Estimations :

1° Allée qui conduit au logement du gouverneur, bâtiment et jardin et dépendances ensemble, évalué d'un revenu annuel de 650 lt.

2° Bâtiment occupé par Picard, non compris les écuries dont il jouit, logement de l'ingénieur et jardin revenu annuel évalué à 400 lt. (3).

---

(1) Dont jouissait le gouverneur.

(2) C'est la superficie probable de l'ancien port du Grenier.

(3) Depuis longtemps les ingénieurs employés aux fortifications de la forteresse avaient abandonné le château pour aller en ville. Il leur était alloué de ce chef des indemnités de logement fort variables. Elles étaient en 1740 de 150 lt., elles s'élevèrent en 1764 à 300 lt., plus 100 lt. pour indemnité du droit de tarif, en 1777 à 180 lt.

Ap. Briquet. Inventaire des archives de la ville de Niort. Titre VIII 1er 3me. 2324. T. VI p. 69.

3°. Le grand jardin dont jouit Fourestier, les bâtiments qu'il occupe, écuries y attenant et la *chapelle*, revenu évalué à 500 lt.

4° Les placistes et terrains vagues, tour qu'occupe un invalide, donjon et magasin entre 'e donjon et l'enceinte du côté de la rivière 1.200 lt.

5° Fossé au Nord (*sic*) 225 lt.

6° Fossé vague au levant 250 lt.

7° Partie de celui du levant en culture et fossé du midi 125 lt.

8° Fort Foucault etc. 40 lt.

9° Petits objets *hors du château* ci-dessus détaillés 46 lt.

Total de l'estimation des revenus du château et de ses dépendances 3.436 lt. sur laquelle il convient de déduire pour les impositions du 10e et sol pour livre 343 lt. 12 sols.

Reste de revenu annuel la somme de 3.092 lt. 8 s. pour des domaines que nous avons considérés être tous de première classe ce qui produit en fond pour l'estimation totale (en capital) du château et de ses dépendances 68.032 lt. 16 sols (1).

Dans le n° 16 des *Affiches patriotiques* (2) (10 mai 1791) l'adjudication du château au district est annoncée pour *le 14 mai* suivant, *l'Affiche* qui suit (17 mai) nous apprend « qu'elle a été consommée avec toutes les formes prescrites au profit de la commune et est *définitive*. Elle stipule que la compagnie des Vétérans établie au Donjon,

---

(1) Voici la cote de ce document important. Arch. des D.-S. Biens nationaux. District de Niort. Municipalité de Niort n° 99 carton 4, dossier 14.

On trouve Gilbert de Bitry, ingénieur en chef de Nyort 171°. Rocher, ingénieur du roi en chef à Nyort 1739-40. Artus, directeur des fortifications du Poitou 1750. Gilbert de Bitry (de nouveau) en 1764. De Champeaux, capitaine en second, de seconde classe du génie 1777-78. Dajot, directeur général des fortifications de Niort 1779. Paillhou (*sic*) lieutenant au corps royal du génie 1781-82. De Lherce, capitaine du génie 28 oct. 1782. Labarde de Coutance, ingénieur du roi 1784-5-6-7. La Brunerie, 16 mai 1786, citons encore Pomel, sous-ingé ieur des ponts-et-chaussées à Poitiers 1762, qui fit tout au moins une réduction du plus ancien plan de Niort destiné à Dom Fonteneau, aujourd'hui perdu, mais ne semble avoir eu charge du château.

(2) Journal publié par Pierre-Fridolin Piet-Berton Chambelle, en 1791.

y restera jusqu'à ce qu'une autre garnison lui soit assignée (1) ».

Une lettre *sans date* adressée au Directeur dit que la vente se fit *hier* et comme elle a été publiée dans l'Affiche du 17 mai, on en a conclu fort à tort, que l'adjudication est du *16* alors que le correspondant, fort explicite dans ses détails, n'eut pas manqué de notifier ce retard et d'en donner les causes. On remarquera que pour admettre ce quantième du 16 mai, il faudrait que la lettre eut été écrite le jour même que le journal a été imprimé, ce qui est insoutenable.

La vente s'effectuant à l'époque annoncée (*14 mai*) tout s'explique aisément. La lettre écrite le lendemain est du 15, adressée sans retard au directeur il la livre au compositeur le 16 et elle paraît dans les *Affiches* du 17.

Il nous paraît même impossible qu'il en soit arrivé autrement. La vente du château, se fit donc bien le *14 mai 1791*.

L'estimation portée à l'*Affiche* du 10 mai s'élève à 68.033 lt. et l'adjudication se fit pour le même prix, conforme à celui fixé par les experts.

La commune abandonnait l'année suivante le Donjon au département pour y établir les prisons moyennant une part à déterminer dans le prix de vente (2) mais, faute de paiement, les droits de la ville et du département restèrent fort précaires jusqu'à ce que le décret impérial du 7 août 1808 les eut définitivement mis en possession sans bourse délier.

Par une sorte de consentement tacite de l'Etat, la commune transportait cependant, à la fin de 1792, le siège de son administration dans l'ancien logement du gouverneur qui dominait l'ancien port abandonné (Grenier) et dès le mois de juillet de la dite année, le département

---

(1) Elle évacua le Donjon en messidor an 2.
(2) Ce qui n'a jamais été fait.

faisait exécuter diverses réparations au Donjon servant provisoirement de maison d'arrêt.

L'un et l'autre agissait comme si leur situation eut été définitive. Le 21 frimaire an III, la commune autorise le département à faire disposer les appartements qui sont à l'entrée du château pour y détenir les prêtres insermentés déjà entassés au Donjon eu l'an II où ils n'échappèrent au massacre que grace à la courageuse intervention des chefs de la municipalité (15 mars 1793) (1).

La guerre de Vendée amène un troisième occupant. Le 15 août 1793, il y a un magasin de poudre et un parc d'artillerie au château. On les y retrouve en pluviôse an IV. La ville ayant voulu, en temps de disette, faire construire un four, le ministre de la guerre fait arrêter les travaux crainte d'explosion des poudres.

L'évacuation militaire n'a lieu qu'en germinal an V.

A quelque chose malheur est bon, la commune oppose avec succès, le 3 frimaire an III, aux prétentions de la Régie soucieuse des droits de la Répubique, qui réclame un droit de *location*, une occupation *militaire ininterrompue*.

Les allées plantées à l'est de la maison du gouverneur subsistaient toujours, c'est par là qu'on accédait à la mairie en venant de la ville.

La situation précaire de la ville et du département devient manifeste en plusieurs occasions. Bien que le *jardin botanique* fut spécialement destiné aux élèves de l'*Ecole Centrale* (2), le *département* eut à solliciter l'autorisation du Directoire de la République. On l'obtint en septem-

(1) En 1793, on trouve même des prisonniers sous des tentes dans le jardin du château. (de Lastic s Jal. p. 163).

(2) Les Ecoles Centrales furent créées par décrets des 7 nivôse an III et 3 brumaire an IV, celle de Niort fut ouverte le 31 octobre 1796 (an IV). Le décret consulaire du 1ᵉʳ mai 1802 supprima les Ecoles Centrales et les remplaça par les lycées et écoles secondaires. Dès le 7 juin 1802, la ville de Niort prend à sa charge son école secondaire qui est reconnue par décision ministérielle du 26 novembre 1803.

Le décret du 17 mars 1808 transforme l'école secondaire en collège communal. (Alexandre Boutelller. *L'Oratoire et le collège de Niort*. 1865, p. 28).

bre 1798 sur un rapport très motivé de Morand, membre du Corps Législatif (1).

Demetz en traça le plan sur les indications de Jacques Jozeau, professeur d'histoire naturelle et de chimie à l'Ecole Centrale. Bernard d'Agesçy décora d'attributs la porte monumentale élevée sur le mur d'enceinte en un point situé à peu de distance au nord de la rue de la Préfecture actuelle. Une large avenue se délimitait au sud par une ligne tirée de l'ancien portail de l'Oratoire, devenu le siège de l'Ecole Centrale, à l'entrée du *jardin botanique*, — alias *jardin des plantes*, à l'instar de Paris — tandis que le côté nord se prolongeait perpendiculairement à la rue Civique. Le plan du *jardin botanique* de Thénadey père qui figure à l'*almanach des Muses de l'Ecole Centrale* de l'an IX (2) montre cette disposition en éventail à peine dissimulée par des plantations, le fossé est comblé devant la porte du jardin, des allées d'arbres entre la rue civique et le mur du château prouvent que ce nivellement se prolongeait au nord, il semble bien rationnel qu'il soit étendu jusqu'à la limite du terrain vague où nous croyons reconnaître l'emplacement de l'ancien cimetière de St-Gaudent, mais le plan de Thénadey père ne va pas jusque là et nous n'avons rien pour y suppléer (3). Toujours est-il que les arbres en bordure de la rue Civique — alors royale — étaient en assez grand nombre pour être réservés en vue d'une transplantation, lors de la vente des terrains du château en 1817 (4).

(1) Briquet, Hist. de Niort T. 2, 155 et biogr. de R. P. F. Morand 180.

(2) Niort, Déplerris. Un plan de la ville et de ses abords antérieur à 1789, conservé à la bibliothèque publique, nous montre toute la portion de l'esplanade où devait être créé le jardin botanique, déjà occupé par la culture maraîchère. On ne saurait autrement s'expliquer sa singulière distribution en petits carrés. Ch. Arnauld, *Mon. religieux, militaires et civils des 2-S. Château de Niort*, dit que le gouverneur disposait à son profit des jardins de l'esplanade comme de ceux des fosses. Voy. plus haut l'expertise du château en 1793.

(3) Cependant les experts trouvent en février 1791 le fossé déjà *encombré*.

(4) On lit dans *Niort, ses rues, ses places*, d'Alfred Monnet, Niort. Clouzot 1869 que les rangées d'abres avaient reçu du public le nom d'*Allees Moriceau*, notaire dont l'étude était de l'autre côté de la rue.

Le plan de Thénadey père nous montre les dépendances de la mairie contournant le Donjon à l'ouest pour aller confiner au jardin botanique. Ainsi la commune et le département occupaient en l'an IX, le nord, l'ouest et le midi de la vieille forteresse.

L'assemblée municipale, dans sa séance du 17 messidor an VII, émettait le projet de bâtir un *théâtre* et une *bourse* sur le fossé de la rue Civique et se voyait encore obligée de requérir l'autorisation du pouvoir central mais moins heureuse que le département ne l'avait été l'année précédente pour le jardin botanique, elle essuyait un refus. On remarquera que la construction des deux édifices eut forcément amené le remblaiement du fossé jugé inutile comme le prouve le comblement, *au moins partiel*, opéré lors de la création du jardin botanique.

Le décret du 7 août 1808, signé au palais impérial à Niort (Préfecture) donna à cette ville le château et ses dépendances à l'exception de la *tour* qui servait de maison d'arrêt et d'un emplacement pour le préau des prisonniers (1).

Des rues sont prévues sur l'esplanade conformément à un plan qui devra être soumis à l'approbation de l'Empereur avant le 1er janvier 1809, les terrains disponibles

(1) Ce préau est représenté par le terrain situé entre le Donjon et le quai. Une des conséquences du décret fut d'enlever le jardin au département pour le donner à la ville.

Il est fort douteux que Jozeau ait continué à professer la botanique à l'école secondaire après la fermeture de l'Ecole Centrale en 1802.

On le trouve faisant un cours gratuit de botanique et de physiologie végétale appliquées à l'agriculture en 1822. Il fut secrétaire perpétuel de la Société d'agriculture des Deux-Sèvres.

Le créateur du jardin botanique avait été ordonné prêtre par Mestadler, évêque des Deux-Sèvres.

Jacques Jozeau était né à Civray (Vienne), il mourut à Niort dans sa 72e année en sa demeure rue du Trianon, le 18 février 1842. Un neveu Pierre-Jacques-Ferdinand Jozeau, sans profession, domicilié à Niort, signe à l'état-civil. On trouve un article nécrologique, *d'ailleurs fort insignifiant*, (de Lary) dans la *Revue de l'Ouest* de Robin du 1er mars 1842 reproduite textuellement dans le *Journal d'agriculture des Deux-Sèvres* de la même année p. 49.

Jacques Jozeau méritait mieux. Il fut le principal collaborateur du préfet Dupin dans la rédaction de sa célèbre *statistique*.

seront mis en vente et le produit des adjudications employé à la construction d'une *gendarmerie* et de *halles couvertes*, toutefois rien ne se fit avant 1817.

L'ordonnance royale du 15 janvier 1817 porte approbation de rues à ouvrir et de constructions à faire sur une partie des terrains du château et donne de nouveau l'autorisation de vendre par lots les dits terrains (1).

La commune n'avait pas attendu jusque là pour percer la rue d'Angoulême devenue aujourd'hui la rue Duguesclin. Cette nouvelle voie traversant l'esplanade, débouchait au Sud de la rue de Pelet (aujourd'hui de l'Abreuvoir) tandis qu'elle se coudait au nord pour former la rue Dauphine (aujourd'hui, du Château) tendant au quai déjà praticable du côté de la rue Brisson.

Les dépendances de la mairie s'étendaient encore jusqu'au préau réservé par le décret de 1808, elles se scindèrent pour livrer passage à la rue Dauphine. Il est à noter que la ville resta propriétaire du terrain situé au midi de la rue du Château où l'on bâtit en 1833 la petite boucherie et longtemps avant 1870, le dépôt de pompes à incendie.

La rue d'Angoulême éventrait le jardin botanique réduit à ne plus être qu'une promenade publique, un vaste triangle retranché au levant disparut dans les allotissements livrés aux enchères en 1817.

Enfin de l'autre côté du jardin, sur la rivière, le quai *des tribunaux* (2) dont le nom rappelle le projet de bâtir le palais de Justice sur la portion du jardin botanique non aliénée où devait s'élever quelques années plus tard la préfecture, fit disparaître avant 1826 le rempart et les

(1) Quoi qu'il ne soit plus question d'employer le prix des aliénations à la construction d'une gendarmerie et d'une halle couverte, la commune déclare que la place de la Restauration est créée en vue de cette halle représentée par deux corps de bâtiments séparés sur le plan de Thenadey fils (1820).

(2) Il aurait porté tout d'abord le nom de quai de *Pelet*. Le projet de construire le palais de Justice sur l'emplacement du jardin botanique date *au moins* de 1824. On voulait alors construire la Préfecture à la Charité.

tours en bordure de la Sèvre, c'est aujourd'hui le quai de la Préfecture.

Lors des ventes du 27 mai 1817, à côté des rues Dauphine, d'Angoulême et de la rue du jardin botanique prenant la disposition de la rue de la Préfecture actuelle, celles du Donjon et de Saint-Gaudent, la place de la Restauration (aujourd'hui du Donjon) et celle de la Mairie (confondue actuellement avec la place des Halles) plus étroite qui la met en communication avec la rue Royale (ancienne rue Civique) sont déjà dénommées et tracées et limitent sur l'esplanade les lots mis en adjudication.

A l'extérieur, le terrain vague en bordure de l'enceinte, alors planté d'arbres, est absorbé, l'allotissement s'étend à l'est jusqu'à la rue Royale dans toute sa longueur. Après la rue du Jardin des plantes, il est limité jusqu'en Pelet par les maisons en bordure de l'ancien fossé.

Nulle part, il n'est question dans les procès-verbaux des anciennes clôtures du château. La destruction du rempart et le comblement du fossé ne sauraient être mis en doute, les acquéreurs, ayant eu à subir un déblaiement fort onéreux pour asseoir les fondations de leurs maisons. (1) Leur construction prit plusieurs années.

La majeure partie de la douve propre du Donjon disparut enfin par suite de la vente du terrain situé au levant. elle subsista au midi jusqu'à la construction de la Préfecture dans l'ancien jardin botanique par l'ingénieur P. T. Segretain (2) (3 septembre 1828, 23 mars 1832) on refit même à cette époque le mur longeant la rue de Pelet et toute trace de tours extérieures disparut.

La construction récente de deux annexes, à la Préfecture, l'une pour le Conseil général et l'autre pour les Archives, mit au jour deux glacières (3), la plus ancienne

---

(1) Nous avons dit que le fossé était déjà partiellement encombré lors de l'expertise de février 1791.

(2) M. Segrétain était à Niort depuis 1820, avait été employé par Mesnager, ingénieur en chef, il fut promu architecte du département en 1824.

(3) Annexe du Conseil général·

paraît avoir été celle du château, l'autre figure au plan de Thénadey père. On y retrouve le petit bois du jardin botanique en bordure de la rue de Pelet, encore à peu près intact à l'heure actuelle, nulle autre trace de ce jardin ne subsiste plus à la Préfecture.

Le Donjon menacé de destruction lors de l'écroulement de la tour nord (4) eut l'heureuse chance de se transformer en maison d'arrêt après le départ de Dumouriez, dernier gouverneur de la forteresse (4 avril 1792) et cette destination assez triste ne paraît pas avoir été étrangère à son salut. En 1853, les détenus furent évacués sur la prison nouvelle construite dans le jardin du palais de justice, le Donjon abandonné à la commune par le département ne conserva plus que le violon municipal aujourd'hui transféré dans le nouvel Hôtel de Ville. On vit pendant quelques années, les Archives départementales installées du consentement de la ville dans le grand appartement du bâtiment central où l'on crée en ce moment un *musée ethnographique*. Elles ont été transportées dans l'annexe nouvelle au nord de la Préfecture, le musée reste seul au milieu de cette ruine.

On pourrait mettre en état, sans grands frais, les trois salles du rez-de-chaussée, malgré les détériorations résultant des fouilles inexplicables de l'architecte Murisson (vers 1854). Elles offriraient pour le musée lapidaire,

---

(4) *14 septembre 1749.* Le 17 septembre 1749 le lieutenant du roi commandant au château dans une lettre adressée au prince de Conti gouverneur du Poitou, lui apprend qu'on a refait une grande partie de l'une des tours du Donjon *par en haut* et *par en bas*, croyant que le centre était bon, l'ouvrage entier était près d'être achevé lorsque la tour entière s'est écroulée *le 14 septembre 1749* sur les 5 heures et demie du matin ce qui a ébranlé le reste de l'édifice, il est à présumer que les réparations seront considérables ; comme il y a des propositions pour *démolir le Donjon*, il en donne avis au prince de Conti. *26 janvier 1750.* Lettre de l'intendant. L'ingénieur Artus a reçu l'état des travaux ordonnés pour 1750, l'adjudication des réparations aura lieu *pour trois ans.* Artus se rendra à Niort aussitôt que le devis aura été dressé, il désire ne pas être logé dans un *cabaret, 9 mars 1750.* Lettre de l'Intendant. Le maire devra fournir un *logement en ville* à Artus.
Inventaire Briquet. Titre VIII. 1ʳᵉ sᵒᵒ. Bardonnet *Ephémérides.* Mém. soc. stat. 3ᵉ sⁱᵉ. T. 1, 293, nᵒ 40.

beaucoup trop à l'étroit à l'ancien hôtel de ville et dont les curieux débris encombrent les escaliers de la bibliothèque publique et des musées de l'Oratoire, un local depuis longtemps désiré, alors que toute autre utilisation est difficile à prévoir.

Le département eut un instant l'idée assez singulière de reprendre le Donjon pour y installer le Conseil général, la ville en est devenue finalement seule propriétaire sous la condition de démolir les maisons particulières bâties après la vente de 1817, espérons que cet intéressant monument sera bientôt dégagé.

Remerciements à tous ceux dont j'ai mis à contribution l'érudition et la complaisance, notamment à MM. Eugène Chotard, bibliothécaire de la ville de Niort, Alphonse Farault, sous-bibliothécaire, Séverin Canal, archiviste des Deux-Sèvres et Alfred Richard, archiviste de la Vienne.

Niort. — Imp. Coussillan et Chebrou.